朱子读书法译注

〔宋〕朱熹◎著

袁津琥◎译注

巴蜀书社

图书在版编目（CIP）数据

朱子读书法译注 /（宋）朱熹著；袁津琥译注. —
成都：巴蜀书社，2023.8

ISBN 978-7-5531-1933-5

Ⅰ. ①朱… Ⅱ. ①朱… ②袁… Ⅲ. ①朱熹（1130—
1200）－读书方法－研究 Ⅳ. ①B244.75

中国国家版本馆 CIP 数据核字（2023）第 042911 号

朱子读书法译注
ZHUZI DUSHUFA YIZHU

（宋）朱熹 著
袁津琥 译注

责任编辑	王承军	
出 版	巴蜀书社	
	成都市锦江区三色路 238 号新华之星 A 座 36 层	
	邮编：610023	
	总编室电话：（028）86361843	
网 址	www.bsbook.com.cn	
发 行	巴蜀书社	
	发行科电话（028）86361852	
经 销	新华书店	
印 刷	成都国图广告印务有限公司	
版 次	2023 年 8 月第 1 版	
印 次	2023 年 8 月第 1 次印刷	
成品尺寸	140mm×203mm	
印 张	10.25	
字 数	200 千	
书 号	ISBN 978-7-5531-1933-5	
定 价	68.00 元	

前　言

　　读书是需要方法的。早在几千年前，中国古代的学者就意识到学习方法在学习中的重要性，在他们的著作中或多或少地进行过论述。以先秦诸子为例，《老子》第四十八章"为学日益，为道日损"；《庄子》卷九《外物》"得意而忘言"，卷五《天道》"轮扁斫轮"；《孟子·万章下》"知人论世"，《尽心下》"尽信《书》，则不如无《书》"；《韩非子·外储说上》中的"举烛"……迄今仍对指导我们如何读书具有重要的启示意义。特别是在儒家学者的著作中，这一点体现得尤为充分。而《礼记·学记》《荀子·劝学》等更是开创了专章讲解学习方法、学习目的的先河。

　　到了北宋，由于社会稳定、经济繁荣、图书数量激增。据统计，宋代图书的数量达到一万一千部、十二万四千多卷，接近于此前从西汉至五代图书数量的一半，因此读书方法的重要性，也就越来越凸显出来。大儒朱熹最早意识到这个问题，在他平时和门弟子的讲学及书信往还中，对学习方法多有详细而又生动的论述。这些方法"有前贤之所已言者，亦有前贤之所未及，而出于文公之独见者"（见《朱子读书法》齐熙序），可以毫不夸张地讲，朱熹是中国古代最早有意识的、对读书方法加以系统论述的学者。

朱熹，南宋徽州婺源人，理学的集大成者。他一生著述丰硕。清修《四库全书》时，收录朱熹的著作就有《周易本义》《诗集传》《四书章句集注》《楚辞集注》《周易参同契考异》《资治通鉴纲目》《晦庵集》等四十种之多（这还不包括后人编选辑录的有关朱熹生平的语录等），总字数在两千万以上。作为自孔孟之后最具影响的儒家学者，明清以来几乎没有一个学人不是读他的书成长起来的。即或是近现代一些著名学者，如鲁迅、陈寅恪等先生，我们都能从他们的著述中找到受朱熹影响的痕迹。

因此，这样一位学者来谈读书法，我想应该是完全可以信赖的。

事实上，从我们目前掌握的文献资料看，"读书法"一词，最早就是由朱熹提出，并由其门人据此为名，陆续编纂成书。南宋齐熙《朱子读书法序》："读书法者，文公朱子之所常言，而门人辅公汉卿之所编集也。"按：辅公汉卿指辅广，汉卿是他的字，号潜斋，学者又称"传贻先生"。曾从吕祖谦游，又拜朱熹为师。可知其年辈当与朱熹接近。他的这个辑本，应该是有关朱熹对读书方法论述最早的辑本，同时也是历史上第一个明确以"读书法"命名的著作。可惜的是，这个辑本没能流传下来。除了专书外，朱门弟子及后学还在编辑朱熹语录及其他论著时，辟有"读书法"专章，著名的如开庆元年（1259）成书的真德秀编辑的《西山读书记》卷二十五、咸淳六年（1270）导江黎靖德编辑的《朱子语类》卷十、卷十一；清代康熙年间编纂的《性理大全》卷五十三、卷五十四，都列有《读书法》专章，可见后人对此的重视。风气一开，后人多有效仿者。直至现当代，张明仁编纂之《古今名人读书法》、贺麟《读书方法与思想方法》、桑兵编纂之《读书法》、高小方《读书法与研究法》，也都受到过一定的影响。

遗憾的是，自五四运动鼓吹打倒孔家店以来，除了一些专业学者，大多数国内读者对朱熹及其著作已经越来越生疏，更不用说像《西山读书记》《朱子语类》《性理大全》这类书了。相反，倒是海外的一些著名学者，如徐复观、余英时等人，对此却格外重视，认为其中所论多有和西方诠释学相通之处。

笔者从1999年以来，即执教于基层地方院校。二十多年中，遇到学生问得最多的问题就是：我们为什么要学习？学习什么？又如何学习？因此笔者觉得有必要把朱熹有关读书法的相关论述介绍给大家。经过仔细考虑，在众多的后人辑录的朱熹谈论读书法的著作中，笔者决定还是按照余英时《怎样读中国书》的意见，截取《朱子语类》卷八中的《总论为学之方》和卷十、卷十一中的《读书法》上、下三卷中的内容（按：《朱子语类》卷一百四《自论为学工夫》及卷一百一十三至卷一百二十一《训门人》诸卷亦甚好，此十卷内容与本书所辑内容多有重复及互相发明之处，读者可自行参看），而没有选用其他同类型著作或自行辑录。这主要是因为：

一、既然是为了启迪初学，篇幅自然就应有所限制，不能过于浩繁，而《朱子语类》这三卷的篇幅最为适中。

二、这三卷内容主要侧重于宏观、大的方面的论述，不像其他的同类型著作，细大不捐，涉及对众多专业领域和专业典籍的具体评述，需要读者具有相应的学科知识，不尽适用于初学。

三、这三卷内容虽然不多，却也基本涵盖了朱熹谈论读书方法的精髓。

众所周知，近现代学术史上，胡适是继朱熹之后最重视研究方法的学者。他无论研究中国古代哲学、白话小说、国语、禅宗史，还是《红楼梦》《水经注》，都非常注意自觉地揭示出研究方法在研究工作中的重要性，对近代学人影响深远。而这之中，很多地方就明显受到了其乡贤朱熹的影响。胡适论述中直接引述朱熹著作及《读书法》中的语句，即不在少数。比如很多人不理解胡适晚年为何花数年精力去研究《水经注》所谓戴震抄袭全祖望、赵一清的案件，对此，胡适解释说："我不是研究《水经注》，我是重审一百多年的《水经注》的案子，……我花了五年的工夫得着这个结论，我对于这个案件的判决书就写出来了。这虽然不能当作专门学问看，至少也可以作为文史考证的方法。我之所以要做这个工作，并不是专替老乡打抱不平，替他做律师，做侦探。我上次说过，我借着小说的考证，来解说治学的方法。同样的，我也是借《水经注》一百多年的糊涂官司，指出考证的方法。如果没有自觉的批评、检讨、修正，那就是很危险。根据五年研究《水经注》这件案子的经验，我认为作文史考据的人，不但要时时刻刻批评人家的方法，还要批评自己的方法；不但要调查人家的证据，还得要调查自己的证据。五年的审判经验，给了我一个教训，为什么这些有名的考证学者会有这么大的错误呢？为什么他们会冤枉一位死了多年的大学者呢？我的答案就是：这些做文史考据的人，没有自觉的方法。"（见《治学三讲》）那些认为戴震在校勘《水经注》过程中，剽窃了全祖望、赵一清成果的人，多少有点先入为主，是"心先有主张乙底意思，便只寻甲底不是"（见《考据学的责任与方法》）。"心先有主张乙底意思，便只寻甲底不是"，即见《读书法下》七三。

　　胡适治学特别强调"大胆的假设，小心的求证"（见《清代学者的治学方法》），又说"做学问要在不疑处有疑，待人要在有疑处不疑"。所谓"大胆的假设""做学问要在不疑处有疑"，类似语意最早见于张载《经学理窟·义理》："观书者释己之疑，明己之未达，每见每知所益，则学进矣，于不疑处有疑，方是进矣。"但这句话更有可能是间接来源于《读书法上》七四"看文字须子细，虽是旧曾看过，重温亦须子细。每日可看三两段，不是于那疑处看，正须于那无疑处看。盖工夫都在那上也"及《读书法下》七八"读书无疑者须教有疑，有疑者却要无疑，到这里方是长进"等处。

　　四、这三卷内容大都语句简短，要言不烦，既有格言警句的凝练，而又取喻多端，生动活泼。举凡日常生活中的修房子、包裹东西、搬石头、吃水果、炼丹、熬药、吃饭、射箭、撑船、登山、洗澡……都被朱熹信手拈来，成了谈论学习方法的绝妙比喻，好像"活泼泼地在这里流转"（见《总论为学之方》三五）。里面很多论述亲切有味，针对性极强。

　　笔者所在的基层地方院校学生大多家境贫寒，一部分学生经常抱怨自己缺乏学习的良好物质条件，其实这个问题，朱熹早就说过："人多言为事所夺，有妨讲学。

此为'不能使船嫌溪曲'者也。遇富贵，就富贵上做工夫；遇贫贱，就贫贱上做工夫。《兵法》一言甚佳，'因其势而利导之'也。人谓齐人弱，田单乃因其弱以取胜，今日三万灶，明日二万灶，后日一万灶。又如韩信特地送许多人安于死地，乃始得胜。学者若有丝毫气在，必须进力！除非无了此气，只口不会说话，方可休也。因举浮屠语曰：'假使铁轮顶上旋，定慧圆明终不失。'"（见《总论为学之方》五九）物质条件差，当然是学习的不利因素，但更为关键的还是要看学习者自己有无向学的赤诚之心。如果学习的信念不坚定，动机不纯粹，那么无钱的时候，会说自己没有钱，无法购置必要的学习书籍进行学习；有钱的时候，又会说自己既然有钱了，又何必读书？历史上许多著名的学者都家境贫寒：匡衡凿壁、车胤囊萤、孙康映雪，这都是以前耳熟能详的苦学故事。可见物质条件的优越，并不是一个人成材的先决条件。

又如孔子曾说"温故而知新"。但"温故"何以能"知新"呢？孔子并未进行阐述，读者也未必都能领会。其实我们不妨用朱熹的话来引申发挥，这是因为：其一，同一本书，读第一遍时和读第十遍、第百遍，对文本理解的深浅程度会有不同，盖"书须熟读。所谓书，只是一般。然读十遍时，与读一遍时终别；读百遍时，与读十遍又自不同也"（见《读书法上》五六）。其二，同一本书，读第二遍时的知识积累和储备与读第一遍时已发生变化,读第三遍时又会发生变化。知识的广度和深度不同的读者,读同一本书,理解体会自然又会有所不同。笔者前几年一直致力于《艺概》一书的研究,自谓终能窥其文心,发明其著述体例,亦无他,但多读耳。因此初学者完全可以通过对这三卷内容的研读,收到以简驭繁的功效,继而触类旁通,再深入涉猎朱熹或其他学者的相关论述。

五、可以充分保证所选内容的完整性。虽然《朱子语类》是朱门弟子对其平时言论的随记和汇编,多属即兴谈论性质,本身不存在所谓系统性和完整性,但考虑到朱熹曾说过:"某最不要人摘撮。看文字须是逐一段一句理会。"(见《读书法上》四七)所以笔者将此三卷完整地选录,而不再自行辑录,或对其中语意近似的论述加以增删,这也是对朱熹的一种尊重。

当然,现在的读者要准确阅读、理解《朱子语类》中这三卷内容,并不容易,这是因为:

一、从时代上讲,本书摘录的内容虽属近代汉语的范畴,但对于今人来说,囫囵吞枣泛观其大意,或许尚不困难,但要深入探究,则另当别论。如本书《总论为学之方》五一"今人不肯做工夫,有先觉得难,后遂不肯做;有自知不可为,公然逊与他人。如退产相似,甘伏批退,自己不愿要"中的"甘伏批退",就很让人费解,当前各大辞典都未收录。笔者虽然进行了翻译,但理解是否准确，殊不敢自信。这类词语书中还有很多。

二、限于语录体的著述方式，本书重在抒写朱熹个人的感受和心得，并没有详细加以阐述。好比解题，只讲结论，没有具体的步骤和逻辑推导过程。许多论述，有相关经历的读者读到后自然觉得亲切有味，没有相关经历的读者则一时难明其中精蕴。如毕业季正在写论文的同学，如果读到"为学须先立得个大腔当了，却旋去里面修治壁落教绵密。今人多是未曾知得个大规模，先去修治得一间半房，所以不济事"（见《总论为学之方》一四），自然一下就能明白，写文章应该先立结构框架，再充实完善细节，不能舍本求末。又如很多人临近暮年，回顾自己的一生时，才省悟要为世界和世人做点有意义的事，也许人生更有价值。所谓"看得道理熟后，只除了这道理是真实法外，见世间万事：颠倒迷妄，耽嗜恋着，无一不是戏剧，真不堪着眼也。又答人书云：'世间万事，须臾变灭，皆不足置胸中，惟有穷理修身，为究竟法耳。'"（见《总论为学之方》一五八）爱因斯坦也曾说过："我从来不把安逸和快乐看作是生活目的本身——这种伦理基础，我叫他猪栏的理想。照亮我的道路，并且不断给我新的勇气去愉快地正视生活的理想，是善、美和真。要是没有志同道合者之间的亲切感情，要不是全神贯注于客观世界——那个在艺术和科学领域永远达不到的对象，那么在我看来，生活就会是空虚的。人们所努力追求的庸俗目标——财产、虚荣、奢侈的生活，我总觉得都是可鄙的。"可见大学者都有大境界，古今中外东西哲人一也。

近年来，笔者一直致力于传统典籍中有关教育思想、教育方法的内容的挖掘、整理与研究工作，希望能为当前中小学教师提供一些适合他们阅读层次和阅读需要的、有益的读物。有鉴于此，笔者于2012年在国内第一次完成了《朱子语类》中《总论为学之方》《读书法》等卷的白话注译工作。图书出版后，一直作为学生学习的辅助读物，在小范围内散发，效果很好。巴蜀书社青年编辑王承军先生认为应公开出版，这次即利用这个机会，又进行了详细的增订。新增订注本，注释更简约准确、翻译更达意传神。由于本人自2014年起，一直从事《苏辙诗文集》的校注工作，致目力大损，故本次增订工作，主要由本学院杨国华讲师完成，汉语言文学一九级一班学生钟若冰、二班熊丽洁，二〇级一班学生叶凤霞协助进行了校勘，在此一并致谢。

目　录

凡 例

一、《朱子语类》通行的有中华书局 1986 年出版的以光绪本为底本的点校本以及上海古籍出版社 2014 年出版的徐时仪等以日本九州大学藏朝鲜古写宝祐二年再校徽州本为底本的汇校本，两书各卷收录条目数及内容，互有参差。以卷八《总论为学之方》为例，中华本计 160 条，上古本计 132 条。另据王水照先生的核对，文渊阁《四库全书》本实比以光绪本为底本的中华本为优，故本书以文渊阁《四库全书》本为底本，以其数量较多，且内容更便于初学理解。

二、原书于各条目之后，均列有记者姓名。因与文意理解无关，今并删去。

三、凡同卷中，他本有而中华本无之条目，一律不作增补。因此部分内容，或见中华本他卷内容中，若因其与论学补入，则此类可补之条目甚多，不如重辑。

四、《总论为学之方》原见《朱子语类》卷八，《读书法》上、下原见《朱子语类》卷十、卷十一，今收入本书，改称卷上、卷中、卷下，并对各卷中的条目进行编号。

五、翻译以直译为主，古今意思一致的词语，一般不翻译。部分无法直译或容易造成费解之处，则采取意译。

六、原书因系语录，故间有语意苟简，无法揣测其当时之真实语意者，如《读书法》卷下一〇九"句心"之类，则参考前后文及全书，酌为补出。补出的部分用括号表示。

七、考虑到本书主要针对初学者，原书中的部分俗字、古字，今径改为通行文字，且不另加说明。

朱子读书法译注 卷上

总论为学之方

一 这道体，①浩浩无穷。

【注释】

①道体：宋代理学家探讨宇宙本原所使用的一个术语。余英时《朱熹的历史世界——宋代士大夫政治文化的研究》："朱熹在讨论'道统'时，特别突出'道体'的首要性。……但'道体'究竟何所指？这是首先需要弄清楚的问题。佛家有一首偈云：'有物先天地，无形本寂寥。能为万象主，不逐四时凋。'……宋代理学家心中的'道体'即是此'物'。一言以蔽之，'道体'是指一种永恒而普遍的精神实有，不但弥漫六合，而且主宰并规范天地万物（"能为万象主"）。他们用种种形而上概念为'道体'的描述词，如太极、天理、理、性、心等皆是。追究到底，'道体'的最主要功用是为天地万物提供了秩序。""道体"一作"道理"，恐非。

【翻译】

这个道体啊，广大无边没有穷尽（的时候）。

二　道，体用虽极精微，^①圣贤之言则甚明白。

【注释】

①体用：指事物的本体、本质和现象。

【翻译】

道，本质虽然极其精妙深微，（但）圣贤阐述它们的话语却是特别（容易）明白。

三　圣人之道，如饥食渴饮。

【翻译】

圣人的学说，（对于我们来说，就）好比饥饿的人对于食物，干渴的人对于水（一样重要）。

四　圣人之道，有高远处，^①有平实处。

【注释】

①处：地方。

【翻译】

圣人的学说，有高大深远的地方，也有平易朴实的地方。

五　夫道，若大路然，岂难知哉？人病不求耳！①

【注释】

①按：此句全出《孟子·告子下》。大概是当时朱熹引述后，门生弟子们忠实地记录下来，限于体例，没有注明，书中此类情况尚有不少。

【翻译】

（圣贤的）学说就像大路一样，哪里是难以知道的？大家的毛病（在于自己）不去寻求罢了。

六　道未尝息，而人自息之。①"非道亡也，幽、厉不由也。"②

【注释】

①息：熄灭。

②幽、厉：指周幽王姬宫涅、周厉王姬胡，历史上有名的两个昏君。周厉王因好利暴虐，以卫巫监视批评自己的国民，而激起国人反叛。周幽王因为嬖爱褒姒，以烽火戏耍诸侯，而导致西周灭亡。引文见《汉书·董仲舒传》。按：此句又见《晦庵集》卷三十六《答陈同甫》。

【翻译】

（圣贤的）学说并没有消失，是大家（不去追求）使它消失罢了。（就像董仲舒说的一样：）"不是没有圣贤的学说，是（大家像）周幽王、周厉王（一样）不去遵循奉行罢了。"

七　圣人教人，大概只是说孝弟、忠信，日用常行底话。①人能就上面做将去，则心之放者自收，性之昏者自著。如心、性等字，到子思、孟子方说得详。②

【注释】

①弟：同"悌"，敬爱兄长。底：的。

②子思：即孔伋，孔子之孙，尝作《中庸》。见《史记·孔子世家》。此云"如心、性等字，到子思、孟子方说得详"，犹言《中庸》《孟子》说"心""性"说得详也。孟子：即孟轲。据《史记·孟子荀卿列传》："孟轲，邹人也。受业子思之门人。"又：原文后有注："因说象山之学。"按：象山，陆九渊，字子静，号象山先生，抚州金溪人。南宋著名哲学家，"心学"创始人，与朱熹论学不合，南宋淳熙二年（1175），双方曾于信州鹅湖寺举行论辩，史称"鹅湖之会"。《宋史》卷四百三十四有传。

【翻译】

圣人教化大家，不过只是说些孝悌、忠信，平日经常使用奉行之类的话罢了。（但）大家如果真能从这些方面做下去，那么心志放纵的自然会收敛，性情昏聩的自然会豁然开朗。像心、性等字，直到子思、孟子才说得详尽。

八 圣人教人有定本。①舜"使契为司徒，教以人伦：父子有亲，君臣有义，夫妇有别，长幼有序，朋友有信"。②夫子对颜渊曰："克己复礼为仁。""非礼勿视，非礼勿听，非礼勿言，非礼勿动。"③皆是定本。

【注释】

①定本：固定不变的原则。

②见《孟子·滕文公上》。

③见《论语·颜渊》。

【翻译】

圣人（用来）教化大家的都是最根本（的一些原则）。（当年）舜使契担任司徒，用人与人之间的伦理关系来教导百姓：父子之间要讲求亲，君臣之间要讲求义，夫妇之间要讲求别，长幼之间要讲求序，朋友之间要讲求信。孔子对颜渊说："克制自己，恢复礼制就是仁。"（又说:）"不合乎礼的事物不要去看，不合乎礼的事物不要去听，不合乎礼的事物不要去说，不合乎礼的事物不要去动。"（这些）都是最根本的原则。

九　圣门日用工夫，甚觉浅近。然推之理，无有不包，无有不贯。及其充广，可与天地同其广大。故为圣，为贤，位天地，育万物，^①只此一理而已。

【注释】

①《礼记·中庸》："致中和，天地位焉，万物育焉。"

【翻译】

圣人门下（所讲求的）日常（所下的）工夫，都让人觉得非常浅显，容易接近。但是把（他说的这些）道理推广开来，却没有不能囊括的，没有不能贯通的。把（它）扩充推广（开后），可以和天地一样宽广伟大。所以说成为圣人、成为贤人，使天地万物各得其所、繁衍生长，都只是（同样的）一个道理罢了。

一〇　常人之学，多是偏于一理，主于一说，故不见四旁，以起争辩。圣人则中正和平，无所偏倚。^①

【注释】

①按：《礼记》有《中庸》章，朱熹《四书章句集注》："中者，不偏不倚，无过不及之名。庸，平常也。"又引宋程颐说："不偏之谓中，不易之谓庸。中者，天下之正道；庸者，天下之定理。"

【翻译】

普通人的学说，多是侧重于某一事理，以某一方面为主，所以不能看见（事物的）四周，以至于引起争论。圣人（的学说）则中庸、公正、和易、平实，不会偏向或倚靠（某一方面）。

一　圣贤所说工夫，都只一般，①只是一个"择善固执"。②《论语》则说"学而时习之"，③《孟子》则说"明善诚身"，④只是随他地头所说不同，⑤下得字来，各自精细。其实工夫只是一般，须是尽知其所以不同，方知其所谓同也。

【注释】

①一般：相同、一样。后同。

②见《礼记·中庸》。

③见《论语·学而》。

④见《孟子·离娄上》。

⑤地头：地方。头，词尾，无义。

【翻译】

圣贤要求大家下的工夫，都是一样的，就是一个"选择善道并坚守（它）"。《论语》上说"学习后，要时常温习它"，《孟子》说："显明善道，使自己保持诚实"，都是根据不同的场合进行不同的表述。用的字，都很精细，其实（意思）都一样。（大家）知道他们说的不同的地方在哪里，也就知道他们相同的地方在哪里了。

一二　这个道理，各自有地头，不可只就一面说。在这里时，是恁地说；^①在那里时，又如彼说，其宾主彼此之势各自不同。^②

【注释】

①恁地：如此，这样。

②宾主：宾位和主位。这里指次要方面和主要方面。

【翻译】

一个道理，各自有（它适用的）地方，不能只抓住它一个方面来说。（有时看似）在这个地方是这样讲，在那个地方又是那样讲，（其实是因为）它们所处的场合和彼此的形势都各有不同罢了。

一三　学者工夫，但患不得其要。若是寻究得这个道理，自然头头有个着落，^①贯通浃洽，^②各有条理。如或不然，则处处窒碍。学者常谈，多说持守未得其要，不知持守甚底。说"扩充"，说"体验"，说"涵养"，皆是拣好底言语做个说话，必有实得力处方可。^③所谓要于本领上理会者，^④盖缘如此。

【注释】

①头头：处处。

②浃洽：周遍、浸润。

③得力：（从中）得到帮助、受益。

④本领：根本、要领。

【翻译】

学者们花费的精力，我只担心他们不能用到关键的地方上。如果真能寻找推究到这个道理（的关键），自然就处处都会有着落，（并且）贯穿畅通、遍布各处，都有条理。如果不能这样，那么（就会觉得）处处窒塞阻碍。（现在一些）学者经常说，没有得到"坚持固守"的要领，因此不知道该"坚持固守"什么，（于是有人）说（要执守）"扩充"，（有人）说（要执守）"体验"，（有人）说（要执守）"涵养"，都是专门挑选些好听的言辞装点门面而已，（其实）必须要（使自己）确实能从中受益才行。（我经常）说（大家）要在最根本的地方去理解体会，就是这个道理。

一四　为学须先立得个大腔当了，①却旋去里面修治壁落教绵密。②今人多是未曾知得个大规模，先去修治得一间半房，③所以不济事。

【注释】

①大腔：大的腔调、大的基调。这里指大的方面。当：正确、好。

②旋：现。

③修治：修理整治。

【翻译】

做学问，（好比修房子，）要先确立好（外面）大的框架，再把墙壁里面仔细收拾整齐。现在的人大多连（外面）大概的样子都不知道，就先（想着）去收拾整理出一间半间房子，所以没有用。

一五　识得道理原头，便是地盘。如人要起屋，①须是先筑教基址坚牢，上面方可架屋。若自无好基址，②空自今日买得多少木去起屋，少间，③只起在别人地上，自家身己自没顿放处。

【注释】

①起屋：建造房屋。

②若自：如果。自，词尾，无义。后"空自""己自"等同。

③少间：不多久。

【翻译】

弄清了一个道理的来龙去脉，那才是（真正属于自己的）知识范围。好比一个人造房子，应该先把地基打得坚固牢实，才能在上面架屋梁。如果基础都没打好，就去买许多木料修建房子，到了最后，也只是把房子建在别人的地基上，自己反而没有安顿的地方了。

一六　须就源头看教大底道理透，阔开基，广开址。如要造百间屋，须着有百间屋基；要造十间屋，须着有十间屋基。缘这道理本同：甲有许多，乙也有许多，丙也有许多。

【翻译】

应该从源头上把那些重要的道理理解透彻，（好比修建房屋，）要把地基打得开阔点，房址建得宽广点。好比要造一百间房屋，就要打一百间房屋的地基；要造十间房屋，就要打十间房屋的地基。因为这些道理都是一样的：甲类东西需要多少，乙类东西也就同样需要多少，丙类东西也就同样需要多少。

一七　学须先理会那大底。理会得大底了，^①将来那里面小底自然通透。今人却是理会那大底不得，只去搜寻里面小小节目。

①了：完毕，终结。

【翻译】

学习，要先去理解领会那些大的、重要的（环节）。理解领会完了那些大的、重要的环节，将来那里面细微的地方自然（就）通畅透彻了。现在的人却是不去理解领会那些大的、重要的地方，只知道去搜查寻找（书）里面细枝末节（的问题）。

一八　学问须是大进一番，方始有益。①若能于一处大处攻得破，见那许多零碎，只是这一个道理，方是快活。②然零碎底非是不当理会，但大处攻不破，纵零碎理会得些少，终不快活。"曾点、漆雕开已见大意"，③只缘他大处看得分晓。④今且道它那大底是甚物事？天下只有一个道理，学只要理会得这一个道理。这里才通，则凡天理、人欲、义利、公私、善恶之辨，莫不皆通。

【注释】

①按：此当与本卷六七、六八等处互参。

②按：《礼记·学记》："善问者如攻坚木，先其易者，后其节目，及其久也，相说以解。"意思是说：善于提问的人就像劈坚硬的柴火一样，先从较容易的部分开始，然后才是树节等地方，劈久了，柴火自然就相互脱离分

开了。

③《论语·先进》："曰：'莫春者，春服既成。冠者五六人，童子六七人，浴乎沂，风乎舞雩，咏而归。'夫子喟然叹曰：'吾与点也！'"又《论语·公冶长》："子使漆雕开仕。对曰：'吾斯之未能信。'子说。"

④分晓：明白、清楚。

【翻译】

（做）学问就应该突飞猛进一番，这样才对自己有帮助。如果能在一个问题的某些重要方面有所突破，（自然）就能明白其他许多细枝末节方面，都是一个道理，这样才有乐趣。但是，细枝末节的地方不是说就不用去理解体会了，只不过（一个问题）大的方面不能突破，纵使小的方面有所领会，终究是不彻底。（孔子之所以说）"曾点、漆雕开已经明白了重要方面的意思"，就是因为他们大的方面看得清楚。现在（也许有人会）问：他们看到的那个重要方面的道理是什么呢？（其实）天下只有一个"道理"，学习就是要弄懂这个道理。这个道理弄懂了，那么包括天理、人欲、义利、公私、善恶的区别，就没有不能贯通（理解）的了。

一九　或问："气质之偏，如何救得？"曰："才说偏了，又着一个物事去救他偏，①越见不平正了。越讨，头不见。要紧只是看教大底道理分明，偏处自见得。如暗室求物，把火来，便照见。若只管去摸索，费尽心力，只是摸索不见。若见得大底道理分明，有病痛处，也自会变移不自知，不消得费力。"②

【注释】

①着：动词，犹拿、安排。

②不消：不需要。

【翻译】

有人问："（一个人）气质有偏差，怎样去补救呢？"（先生）说："（既然先主观认定一个人）有偏差，（肯定就会）安排一个举措去补救他的偏差，（这样岂不是）更加偏差、不平正了？（那样）越是去寻讨（纠正），越是理不出头绪。重要的是教导他自己能把重要的道理看清楚，这样偏差处他自己就能看清。好比在一个黑暗的屋子里找东西，拿着个火把，自然就会照见了。如果只管去摸索，（哪怕是）费尽心思和力气，（恐怕）也摸索不到。如果能把重要的道理看得清楚，哪怕有弊病，（自己）也会不知不觉地变化迁移，不需要费多大力气。

二〇　　"成己方能成物，成物在成己之中。①须是如此推出，方能合义理。圣贤千言万语教人，且从近处做去。如洒扫大厅大廊，亦只是如洒扫小室模样；扫得小处净洁，大处亦然。若有大处开拓不去，即是于小处便不曾尽心。学者贪高慕远，不肯从近处做去，如何理会得大头项底？而今也有不曾从里做得底，外面也做得好。此只是才高，以智力胜将去。《中庸》说细处，只是谨独，谨言，谨行；^②大处是'武王、周公达孝'，经纶天下无不载。^③小者便是大者之验。须是要谨行，谨言，从细处做起，方能充得如此大。"又曰："如今为学甚难，缘小学无人习得。^④如今却是从头起。古人于小学小事中，便皆存个大学大事底道理在。^⑤大学，只是推将开阔去。向来小时做底道理存其中，正似一个坏素相似。"^⑥

【注释】

①成：通"诚"。物：人。《礼记·中庸》："诚者自成也，而道自道也。诚者物之终始，不诚无物。是故君子诚之为贵。诚者非自成己而已也，所以成物也。成己，仁也；成物，知也。性之德也，合外内之道也，故时措之宜也。"

②谨独：《礼记·中庸》："是故君子戒慎乎其所不睹，恐惧乎其所不闻。莫见乎隐，莫显乎微，故君子慎其独也。"

③见《礼记·中庸》。

④小学：指基础的、浅显的事情。

⑤大学：指精深的、义理之学。《朱子语类》卷七："小学者，学其事；大学者，学其小学所学之事之所以。"

⑥坯素：素坯。没有加工的土坯。

【翻译】

（先生说：）"使自己真诚才能使别人真诚，使别人真诚就在使自己真诚的中间。只有像这样推导开去，才合乎义理。圣人用千言万语来教导常人，都是从切近的地方做起。如洒水清扫大的厅堂和大的回廊，也只是像洒水清扫小房子一样。把小的地方打扫干净清洁了，大的地方也会一样。如果有谁大的地方开拓不下去，就是因为他在小的地方没有竭尽自己的心思力气。现在的学者喜欢贪图高大、仰慕遥远的一些东西，于是不肯从身边切近的事情做起，（可这样）又怎么能理解领会那些远大的事物呢？现在还有一些不曾从基础做起的（学者），（他们）表面上也做得非常好。但那只是因为他们才华高，靠聪明取胜。《中庸》说到细微的地方，只是说谨慎地对待自己独处，谨慎地对待自己的言语，谨慎地对待自己的行为。大的地方是周武王、周公的达孝，以至治理天下无不记载。小者就是大的证验。须是从小的谨慎地对待自己独处，谨慎地对待自己的言语，谨慎地对待自己的行为做起，才能扩充推广到大的方面。"先生又说："现在的人做学问很困难，因为没有人学习过小学方面的知识。现在只能从最基础的地方做起。古人于小学小事中，都保存了一个大学大事的道理在中间。大学只是从（小学基础上）推广扩充开去，以前小学时做的道理就存在于其中，就像等待加工的土坯一样。"

二一　学者做工夫，莫说道是要待一个顿段大项目工夫后方做得，①即今逐些零碎积累将去。才等待大项目后方做，即今便蹉过了。学者只今便要做去，"断以不疑，鬼神避之"，②"需者，事之贼也"。③

【注释】

①顿段：阶段。项目：犹环节。

②见《史记·李斯列传》。按：此句徽州本另作一段。此从文渊阁《四库》本。

③见《左传》哀公十四年。需：犹豫、不果断。

【翻译】

学者下工夫，不要（非得）等到一个阶段大的环节的时候才去做，就从现在一些琐碎的小事情开始慢慢积累做起，要等到大的环节出现后才去做，就把现在给蹉跎过去了。学者现在就要开始去做，毫不怀疑，果断去做，（那样）就是鬼神（都要畏惧）躲避你呀。犹豫，是行动的敌人。

二二　"如今学问未识个入路，就他自做，倒不觉。惟既识得个入头，①却事事须着理会。且道世上多多少少事！"②江文卿云："只先生一言一语，皆欲为一世法，所以须着如此。"③曰："不是说要为世法。既识得路头，许多事都自是合着如此，不如此不得，自是天理合下当然。"④

【注释】

①入头：入手、下手的地方。头：词尾，无义。

②且道：试问。

③江文卿：新安人，生平事迹不详，似为晋江林太（字从礼）女婿，以"博识群书"著称（见《朱子语类》卷一百二十）。

④自是：只是。合下：当初、原先。

【翻译】

（先生说：）"现在（很多人做）学问根本不知道门径。一个人瞎做，倒也没什么。只是既然知道了下手的地方，就要事事都去理解领会，试问这世上能有多少事情？"江文卿说："那是因为先生想让（自己的）一言一行都能成为当世的法则，所以才需要这样。"先生说："不是说（我想让自己的言行）成为世人的法则。（而是）既然知道了门径，许多事就都理所应当地这样（去做），不这样做就不行，只是按照天理原本就该这样做的。"

二三　若不见得入头处，紧也不可，慢也不得。若识得些路头，须是莫断了。若断了，便不成。待得再新整顿起来，费多少力。如鸡抱卵，^①看来抱得有甚暖气？只被他常常恁地抱得成。若把汤去荡，^②便死了。若抱，才住，便冷了。然而实是见得入头处，也自不解住了，自要做去，他自得些滋味了。如吃果子相似，未识滋味时，吃也得，不消吃也得。到识滋味了，要住，自住不得。

【注释】

①抱：孵。

②汤：开水。荡：通"烫"。

【翻译】

（一个人）如果不明白下手的地方，（那么）快也不行，慢也不行。如果知道了门径，就不应该中断。如果中断了，就不会成功。等到再重新收拾起来，又浪费了（以前的）许多精力。好比母鸡孵蛋，看起来有什么暖气？只因为它经常孵着，（最终）还是孵成了。如果直接拿开水去烫（鸡蛋），就烫死了。如果才孵一会儿，又停下来，就冷了，（还是孵不出来。）因此，（一个人）一旦真的明白了（自己）下手的地方，自然也就不会停止，自己就会做下去，（因为）他（能从中）得到乐趣。好比吃水果一样，不知道它的滋味时，吃也可以，不吃也可以。等尝到了它的美味，让他停下，他自己都停不下来。

二四　"待文王而后兴者，凡民也。若夫豪杰之士，虽无文王犹兴。"① 豪杰质美，生下来便见这道理，何用费力？今人至于沉迷而不反，圣人为之屡言，方始肯来，已是下愚了。② 况又不知求之，则终于为禽兽而已！③ 盖人为万物之灵，自是与物异。若迷其灵而昏之，则与禽兽何别？

【注释】

① 见《孟子·尽心上》。

② 下愚：最愚蠢（的人）。《论语·阳货》："子曰：'唯上智与下愚不移。'"

③ 见《孟子·离娄下》。

【翻译】

（孟子说：）"等待周文王教化后才知振作的，那是凡夫俗子。若是英雄豪杰之士，即使没有遇到周文王，也会振作起来。"因为英雄豪杰的本质就好，生下来就能明白那些道理，哪里用得着（我们去）花费精力？今人沉迷于邪说恶行之中而不知道回返，圣人为了他们费尽口舌，才肯趋于善道，（这）已经是属于最愚笨的（一类人了）。何况还不知道主动去追求？那么最终只好沦为禽兽罢了。（要知道）人是万物中的精灵，本来就和（其他）动物存在着差异。如果迷失自己的性灵而浑浑噩噩，那么和禽兽有什么差别呢？

二五　学问是自家合做底。^①不知学问，则是欠阙了自家底；知学问，则方无所欠阙。今人把学问来做外面添底事看了。

【注释】

①合做：理所应当、该做的。

【翻译】

学问是自己理应去研究的。不知道学问，那就使自己产生了缺陷；知道了学问，才能（使自己圆满）没有什么缺陷。现在的人把学问当成（不是属于自己应该具备的而）是外面强加（给自己的）事情看待了。

二六　圣贤只是做得人当为底事尽。今做到圣贤，止是恰好，又不是过外。

【翻译】

圣贤只是彻底的做了一个人应当做的事。现在（要求大家）和圣贤（一样）去做，也只是恰如其分，又不是超出限度。

二七　"凡人须以圣贤为己任。世人多以圣贤为高，而自视为卑，故不肯进。抑不知使圣贤本自高而己别是一样人，则早夜孜孜，别是分外事，不为亦可，为之亦可。然圣贤禀性与常人一同。既与常人一同，又安得不以圣贤为己任？自开辟以来，生多少人？求其尽己者，千万人中无一二，只是滚同枉过一世！《诗》曰：'天生烝民，有物有则。'① 今世学者，往往有物而不能有其则。《中庸》曰：'尊德性而道问学，极高明而道中庸。'此数句乃是彻首彻尾。人性本善，只为嗜欲所迷，利害所逐，一齐昏了。圣贤能'尽其性'，故耳极天下之聪，目极天下之明；为子极孝，为臣极其忠。"某问："明性须以敬为先？"曰："固是。但敬亦不可混沦说，② 须是每事上检点。论其大要，只是不放过耳。大抵为己之学，于他人无一毫干预。圣贤千言万语，只是使人反其固有而复其性耳。"

【注释】

① 语见《诗经·大雅·烝民》。烝民：百姓。

② 混沦：即囫囵，这里是笼统的意思。

【翻译】

（先生说：）"普通人也应该把（学习效仿）圣贤作为自己的责任。世上的人多把圣贤看得高不可攀，而把自己看得很卑微，因此不肯进步。却不知道假使圣贤本来就是很崇高的而自己是不同于他们的那一类人，那么自己早晚孜孜以求的，其实是不属于自己的分外事，那么做也可以，不做也可以。但是圣贤的禀性其实和（我们）

普通人是一样的，既然和普通人一样，我们又怎么能不把（学习效仿）圣贤，作为自己的责任呢？自从开天辟地以来，不知生长过多少人，可是要寻找其中能竭尽了自己一切的人，（可以说）千万人中没有一两个。（大多数人）只是混同众人，浑浑噩噩地度过一生。《诗经》上说：'上天降生众民，（和）万事万物一样都有一定的法则。'现在的学者只知道万事万物，而不知道事物的法则。《中庸》说：'尊崇德性，并通过勤问好学，使自己的知识达到广大而深入精微，使自己的德行极其高尚光明而常守中道。'这几句阐述才是最为彻底的。人性本是善的，只因为被各种嗜好和欲望所迷惑，追逐一些私利，才（使得自己）变得昏聩起来。圣贤能尽其本性，所以（能使自己的）耳朵成为天下最灵敏的，（能使自己的）眼睛成为天下最明亮的；做子女能成为最孝顺的，做臣子能成为最忠诚的。"有人问："明本性需要以恭敬为先吗？"（先生说：）"当然是这样。但恭敬也不能笼统地说，要在每一件事情上检省自己。最重要的一点，就是不（轻易）放过。大抵研究学问是为了自己，和他人一点也不相干。圣贤说一千道一万，其实就是让大家返回恢复自己固有的品性。"

二八　学者大要立志。[①]所谓志者，不道将这些意气去盖他人，只是直截要学尧舜。"孟子道性善，言必称尧舜。"②此是真实道理。"世子自楚反，复见孟子。孟子曰：
'世子疑吾言乎？夫道一而已矣。'"③这些道理，更无走
作，④只是一个性善可至尧舜，别没去处了。下文引成覸、
颜子、公明仪所言，⑤便见得人人皆可为也。学者立志，
须教勇猛，自当有进。志不足以有为，此学者之大病。

【注释】

①大要：最重要。

②③见《孟子·滕文公上》。

④走作：纰漏、瑕疵。

⑤《孟子·滕文公上》："覸谓齐景公曰：'彼丈夫也，
我丈夫也，吾何畏彼哉？'颜渊曰：'舜何人也？予何人
也？有为者亦若是。'公明仪曰：'文王，我师也，周公岂
欺我哉？'"覸，音 jiàn。

【翻译】

学者最重要的是确立志向。所谓志向，不是说要用
自己的意气去超过别人，只是直接去向尧舜（那样的圣
贤）学习。孟子一说到人性本善，就要称举尧舜。这是
千真万确的道理。（《孟子·滕文公上》记载：）"世子从楚
国回来，又见到孟子。孟子说：'世子怀疑我的话吗？我
的学说都是一贯的。'"这些道理，并没有什么纰漏，只
是每个人的天性都是善的，大家通过学习都可以达到尧
舜的境界罢了，没有其他的。后面的文章引述成覸、颜

子、公明仪所说的话，就是要让大家知道人人都可以成为像尧舜那样的圣贤。学者树立自己的志向，要勇猛，自然就会有进步。志向（太低）不足以使自己有所作为，这是（现在）学者的最大弊病。

二九　世俗之学，所以与圣贤不同者，亦不难见。圣贤直是真个去做，说正心，直要心正；说诚意，直要意诚；修身齐家，皆非空言。① 今之学者说正心，但将正心吟咏一晌；说诚意，又将诚意吟咏一晌；说修身，又将圣贤许多说修身处讽诵而已。或掇拾言语，缀缉时文，② 如此为学，却于自家身上有何交涉？③ 这里须用着意理会。④ 今之朋友，固有乐闻圣贤之学，而终不能去世俗之陋者，无他，只是志不立尔。学者大要立志，才学，便要做圣人是也。

【注释】

① 按：《礼记·大学》："古之欲明明德于天下者，先治其国；欲治其国者，先齐其家；欲齐其家者，先修其身；欲修其身者，先正其心；欲正其心者，先诚其意；欲诚其意者，先致其知；致知在格物。物格而后知至，知至而后意诚，意诚而后心正，心正而后身修，身修而后家齐，家齐而后国治，国治而后天下平。"大意是说：古时候想在天下彰明德性的人，一定要先治理好自己的国

家；想治理好自己的国家，一定要先整顿好自己的家族；想整顿好自己的家族，一定要先修养自身；想修养好自身，一定要端正自己的内心；想端正自己的内心，一定要先意念真诚；想意念真诚，一定要先开启自己的良知。开启良知在于祛除物欲，物欲祛除了良知才会到来；良知到来了，意念才能真诚；意念真诚了，内心才能端正；内心端正了，才能修养好自身；自身修养好了，家族才能整顿好；家族整顿好了，国家才能治理好；国家治理好了，然后天下才能太平。

②时文：科举应试的文章。

③交涉：关系。

④着意：刻意、用心。

【翻译】

世俗的学问，和圣贤的学问不同的地方，也不难看见。圣贤只是真要去做，说正心，就要使自己的心意端正；说诚意，就要使自己的意念诚实；直至修身齐家，都不是光说（不做）。现在的一些学者说正心，只不过将"正心"在口头上吟诵咏叹一番；说修身，又将圣贤（书中）说到的修身的地方讽诵一番而已。或者拣寻一些陈词滥调，或者编辑（当下）科举应试类的文章，像这样治学，又和自身有什么关系呢？这些地方（你们）要用心去理解体会。现在的一些学友，固然有喜欢听圣贤的学问的，但是始终不能摒弃鄙陋的世俗学问，这没有其他（的原因），只是（自己的）志向不能树立罢了。学者最重要的就是树立志向，才（开始）学习，就要（朝着）圣贤去做。

三〇　学者须是立志。今人所以悠悠者，^①只是把学问不曾做一件事看，遇事则且随意恁地打过了，此只是志不立。

【注释】

①悠悠：因循、苟且貌。

【翻译】

学者应该树立志向。现在的人之所以因循蹉跎，只是因为不把学问当成一件重要的事情来看待，遇到事情，只是随便的对付过去。这都是因为（自己的）志向没有树立。

三一　问："人气力怯弱，于学有妨否？"曰："为学在立志，不干气禀强弱事。"又曰："为学何用忧恼，但须令平易宽快去。"寓举圣门弟子，^①唯称颜子好学，^②其次方说及曾子，^③以此知事大难。曰："固是如此。某看来亦有甚难，有甚易，只是坚立着志，顺义理做去，他无跷蹊也。"^④

【注释】

①寓：徐寓。永嘉人，朱子称其"务学求师，志尚坚确"。（见《晦庵别集》卷六《漳州延郡士入学牒》）

②《论语·先进》："季康子问：'弟子孰为好学？'孔子对曰：'有颜回者好学，不幸短命死矣。今也则亡。'"

③曾子：此指曾点（又名皙）。

④跷蹊（qiāoqī）：即蹊跷。这里指奥秘、诀窍。

【翻译】

（有人）问："（一个人的）气质、毅力偏于懦弱，这对于学习有妨碍吗？"（先生回答）说："研究学问在于立定志向，和（一个人）气质禀赋强弱不相干。"（先生接着）又说："研究学问哪里用得着烦恼？只要自己心平气和，放宽时间努力去做。"徐寓接着列举孔门弟子中，（孔子）只称赞过颜渊好学，其次称赞过曾点，从这些可以看出研究学问也太困难了。（先生）说："确实是这样。不过在我看来，有很难的地方，也有很容易的地方，只有坚定自己的志向，顺着义理去做，别无其他的诀窍。"

三二　英雄之主所以有天下，只是立得志定，见得大利害。如今学者只是立得志定，讲究得义理分明。

【翻译】

英明、雄才大略的国君之所以拥有天下，只是（因为他们能）立定志向，看得清大的得失。现在的学者也要能立定志向，研究得清楚义理。

三三　立志要如饥渴之于饮食，才有悠悠，便是志不立。

【翻译】

树立志向就要像饥饿干渴的人对于饮食一样，（如果有一丝）因循苟且，那就是（因为）自己的志向没有能树立。

三四　为学须是痛切恳恻做工夫，①使饥忘食，渴忘饮，始得。

【注释】

①恳恻：诚恳痛切。

【翻译】

做学问应该诚恳痛切地下一番工夫，（要）使（自己）饥饿时都忘了吃饭，干渴的时候都忘了喝水，才行。

三五　这个物事要得不难。①如饥之欲食，渴之欲饮。②如救火，如追亡，③似此年岁间，看得透，活泼泼地在这里流转，方是。

①物事：事情，指学问。

②比喻出于自然，而非为外力强迫。

③比喻要有紧迫感。

【翻译】

（学问）这个事情要获得并不难。（要）像饥饿的人想吃饭，干渴的人想喝水一样。（要像）救火，像追捕逃犯一样。像这样经过一年的时间，（看问题，自然就能）看得透彻，好像活泼泼地在（自己）眼前流淌转动，（这样）就对了。

三六　学者做工夫，当忘寝食，做一上，^①使得些入处，自后方滋味接续。^②浮浮沉沉，半上落下，不济得事。

【注释】

①一上：一番。又《朱子语类》卷一百四《自论为学工夫》："某旧年思量义理未透，直是不能睡。初看子夏先传后倦一章，凡三四夜，穷究到明，彻夜闻杜鹃声。"可与此互参。

②滋味：这里比喻读书的收获。

③浮浮沉沉，半上落下：比喻不能深入。

【翻译】

学者下工夫，（就）应当废寝忘食，努力上进一番。

使（自己）能（对书中的问题）深入进去，这样才能（保证自己以后）不断有所收获。（如果不能深入下去，而是像一个物体漂浮在水上一样），一会儿浮上来，一会儿又沉下去，忽上忽下，就不可能干成任何事。

三七　而今紧要且看圣人是如何？常人是如何？自家因甚便不似圣人？因甚便只是常人？就此理会得透，自可超凡入圣。

【翻译】

现在最重要的是去看圣人是怎样做的？普通人是怎样做的？自己因为什么不能像圣人？因为什么就只能是个普通人？从这些方面去深入理解体会，自然可以超越凡俗，进入圣人的境界。

三八　为学，须思所以超凡入圣。如何昨日为乡人，^①今日便为圣人？须是竦拔，^②方始有进。

【注释】

①乡人：这里与圣人相对，指乡野鄙俗之人。

②竦拔：耸立挺拔。这里用来比喻振作，痛下一番苦工夫。

【翻译】

做学问应该想着让自己超越凡俗，进入圣人的境界。怎么可能昨天还是个乡野鄙俗之人，今天就成了圣人呢？要振作，（这样）才能有长进。

三九　为学须"觉今是而昨非"，①日改月化，便是长进。

【注释】

①见晋陶渊明《归去来兮辞》。这里用来比喻要让自己每天都能有收获、有进境。

【翻译】

做学问，（要时时能）感受到今天是正确的，昨天是错误的，每天都有改变，每月都有变化，（自然）就有长进。

四〇　今之学者，全不曾发愤。

【翻译】

现在的学者，一点都没有发过愤。

四一　为学不进，只是不勇。

【翻译】

学业没长进，只是（因为自己）不奋勇。

四二　不可倚靠师友。

【翻译】

不能完全倚赖、依靠老师朋友。

四三　不要等待。

【翻译】

不要等待。

四四　今人做工夫，不肯便下手，皆是要等待。如今日早间有事，午间无事，则午间便可下手；午间有事，晚间便可下手；却须要待明日。今月若尚有数日，必直待后月；今年尚有数月，不做工夫，必曰："今年岁月无几，直须来年。"如此，何缘长进？因康叔临问"致知"，①先生曰："如此说得，不济事。"

【注释】

①康叔临：谢良佐高弟，传二程之学，居巴陵。致知：见《礼记·大学》。朱熹《四书章句集注》："致，推

极也。知，犹识也。推极吾之知识，欲其所知无不尽也。"

【翻译】

今人下工夫，不肯马上动手，都要等待。（其实）如果今天早上有事，午间没有事，那么午间就可以动手了；午间有事，（晚上没有事，）晚上就可以动手了。（但现在的人）却一定要等到明天。这个月如果还有几天，一定要等到下月；今年还有几个月，不去下工夫，一定要说："今年时间没有剩下几天了，只能等来年了。"像这个样子，怎么长进？接着康叔临问"致知"，先生说："如果按照你的说法，也不管用。"

四五　道，不能安坐等其自至，只待别人理会来，放自家口里。

【翻译】

道，不可能是（你）安稳地坐在那里等着它自己到来，只依靠别人理解体会完后，再（把它）放到你自己的嘴巴里去。

四六　学者须是耐烦、耐辛苦。①

【注释】

①按：徽州本此条与卷上四二合为一条。

【翻译】

学者应该能忍受得了麻烦、忍受得了辛苦。

四七 必须端的自省，①特地自肯，②然后可以用力。莫如"下学而上达"也。③

【注释】

①端的：真的，确实。

②特地：格外。自肯：犹心甘情愿。

③见《论语·宪问》。下学：指人情事理的基本常识。上达：向上通达于仁义。

【翻译】

必须切实地检省自己，（要使）自己心甘情愿地去这样做。然后再下工夫，不如从最基本的地方学起，自然能上达天道。

四八 凡人便是生知之资，也须下困学勉行底工夫，①方得。盖道理缜密，去那里捉摸！若不下工夫，如何会了得？②

【注释】

①《论语·卫灵公》："孔子曰：'生而知之者，上也；学而知之者，次也；困而学之，又其次也；困而不学，民

斯为下矣。"

②了：明了、理解。

【翻译】

一个人就算是有生下来就知道的天资，也要下勤勉的工夫，才能有所收获。因为大道的哲理缜密，要去思索它。如果不花费时间和精力，怎么能够明白？

四九　今之学者，本是困知勉行底资质，却要学他生知安行底工夫。①便是生知安行底资质，亦用下困知勉行工夫，况是困知勉行底资质？

【注释】

①安行：指安稳的行事。

【翻译】

现在的学者，本来自己是个困知勉行的资质，却要学圣人生知安行的工夫。（殊不知）即使是生知安行的资质，也要下困知勉行的工夫，何况自己（本来就是）个困知勉行的资质呢？

五〇　大抵为学，虽有聪明之资，必须做迟钝工夫，始得。既是迟钝之资，却做聪明底样工夫，如何得？

【翻译】

大抵研究学问，即使（你）资质再聪明，也必须下笨工夫，才行。（何况自己）本来就是愚笨的资质，却要像资质聪明的人那样下工夫，那怎么行？

译者按：此如俗语所谓聪明人也要下笨功夫。

五一 今人不肯做工夫，有先觉得难，后遂不肯做；有自知不可为，公然逊与他人。① 如退产相似，甘伏批退，② 自己不愿要。

【注释】

①逊：逊让，谦让。

②批退：未详，疑为批还、退还的意思。

【翻译】

今人（之所以）不肯下工夫，有的是一开始就觉得难，后来就不愿意去做了；有的是自认为做不了，就心安理得地谦让给别人，和退还财产一样，甘愿服输，主动要求送还，自己不愿意要。

五二 为学，勿责无人为自家剖析出来，须是自家去里面讲究、做工夫，要自家得。

【翻译】

做学问，不要去责怪没有人替自己（把道理）剖析出来，应该是自己深入到里面去钻研，去下工夫，（道理）要自己去得到（它）。

五三　小立课程，①大作工夫。②

【注释】

①课程：规定数量和内容的工作或学习进程。

②大：程度副词，深。

【翻译】

（可以）少制订点学习任务，（但一定要）痛下工夫。

五四　工夫要趱，①期限要宽。

【注释】

①趱（zǎn）：急迫。

【翻译】

学习时要紧迫，（学习的）期限却不妨放宽。

五五　且理会去，未须计其得。

【翻译】

只管去理解体会，不要去计较收获。

五六　才计于得，则心便二，^②头便低了。

【注释】

①二：不专一。

【翻译】

一计较收获，自己的心思就不专一了，（学习的开始阶段）层次就低了。

译者按：此句犹后人所谓但问耕耘，不问收获。

五七　严立功程，宽着意思，久之，自当有味，不可求欲速之功。

【翻译】

严格制订执行学习的计划，（但是可以）放宽期限。时间久了，自然能读出味道，不要去贪图一时快速见效。

五八　自早至暮，无非是做工夫时节。

【翻译】

从早到晚，没有不是用功的时候。

五九　人多言为事所夺，有妨讲学。此为"不能使船嫌溪曲"者也。遇富贵，就富贵上做工夫；遇贫贱，就贫贱上做工夫。《兵法》一言甚佳，"因其势而利导之"也。^①人谓齐人弱，田单乃因其弱以取胜，今日三万灶，明日二万灶，后日一万灶。^②又如韩信特地送许多人安于死地，^③乃始得胜。学者若有丝毫气在，必须进力！除非无了此气，只口不会说话，方可休也。因举浮屠语曰："假使铁轮顶上旋，定慧圆明终不失。"^④

【注释】

①见《史记·孙子吴起列传》。

②指战国初期，魏与赵攻韩，齐国将军田忌听从军师孙膑的建议，在援救韩国的过程中，减灶示弱，最后在马陵大败魏庞涓事。见《史记》卷六十五《孙子吴起列传》。此云"田单"，误。

③指楚汉战争时，韩信率军背水列阵，大破赵军事。见《史记》卷九十二《淮阴侯列传》。

④浮屠：梵语音译，指佛。佛教为佛所创，古人因称佛教徒为浮屠。引语见唐玄觉《永嘉证道歌》卷二十四。铁轮：铁轮围山，即铁围山。铁轮顶上旋，喻形势极其危险，犹言泰山压顶。定慧：禅定与智慧，亦即三学中之二学。佛典以收摄散乱的心意为定；观察照了一切

的事理为慧。圆明：圆满光明。这里引用是比喻即使自己身处艰危的境地，也不改变志向，失去求学闻道之心。

【翻译】

大家经常说（自己）被琐事侵夺去时间，（因此）妨碍自己的研究学习。这简直是自己不会行船就嫌溪流弯曲。遇到（自己身处）富贵的时候，就在富贵上下工夫；遇到（自己身处）贫贱的时候，就在贫贱上下工夫。《兵法》上有一句话说得很好："根据具体的形势，朝着有利于自己的方面进行引导。"大家都说齐国人胆小，田单就利用（别人认为）自己胆小（故意示弱）而取得胜利。又如韩信故意把自己的许多士兵安置在濒临死亡的境地，才获得胜利。（一个）学者哪怕还有一丝气息在，就要竭尽自己的力气！除非没有了一丝气息，只能张着嘴，不能说话，才可以停下来。接着举和尚的（一句）话说："假使铁轮顶上旋，定慧圆明终不失。"

六〇　圣贤千言万语，无非只说此事。须是策励此心，勇猛奋发，拔出心肝与他去做！如两边擂起战鼓，莫问前头如何，只认捲将去！①如此，方做得工夫。若半上落下，半沉半浮，济得甚事？

【注释】

①只认：只管。

【翻译】

圣贤千言万语，无非就是说这件事。（因此，我们）应该鞭策激励自己的内心，勇猛奋进，把自己的心肝掏出来给他去做！好比对阵双方擂起了战鼓，不要管前面的情况怎样，只管冲向前面去。这样，才是下工夫（的样子）。如果三心二意，漂漂浮浮，（不能深入，）能干成什么事？

六一　又如大片石，须是和根拔。^①今只于石面上薄削，济甚事！作意向学，^②不十日五日又懒，孟子曰："一日暴之，十日寒之。"^③

【注释】

①和：连。

②作意：决意。向学：立志求学。

③见《孟子·告子上》。

【翻译】

又好比一大块石头，应当连根拔起来。如果现在只是在石头上薄薄地刮削打磨下，有什么用？下定主意立志求学，没过十天五天又懒惰下来，这就像孟子说的："一天的热情高涨，十天的冷淡。（怎么能学好呢？）"

六二　宗杲云："如载一车兵器，逐件取出来弄。弄了一件，又弄一件，便不是杀人手段。我只有寸铁，便可杀人。"①

【注释】

①宗杲：据《咸淳临安志》卷七十："字昙晦，本姓奚。丞相张浚命主径山法席，学徒一千七百人，来者犹未已，敞千僧阁以居之，号临济中兴。……杲有《正法眼藏》三卷，又有《武库》若干卷。其徒纂《法语前后集》三十卷，浚为序，淳熙初诏随大藏流行。"引语见《大慧普觉寺禅师语录》："譬如人载一车兵器，弄了一件，又取出一件来弄，便不是杀人手段。我则只有寸铁，便可杀人。"

【翻译】

宗杲说："好比运来一车兵器，（有的人）逐件拿出来摆弄，摆弄完一件，又去摆弄下一件，这便不是杀人的方法。我只要一寸长的铁器，就可以杀死人。"

六三　且如项羽救赵，既渡，沉船破釜，持三日粮，示士必死，无还心，故能破秦。①若瞻前顾后，便做不成。

【注释】

①事见《史记·项羽本纪》。釜（fǔ）：古炊器。敛口，圜底，或有二耳。其用如鬲，置于灶口，上置甑以

蒸煮。

【翻译】

就像项羽援救赵，渡过黄河后，就凿沉船只，打破煮饭锅，只带三天的干粮，向战士们显示此去必死，不望生还的决心，所以才能攻破秦。如果瞻前顾后，（犹豫不决，）肯定就不能成功。

六四　"如居烧屋之下，如坐漏船之中。"①

【注释】

①见《吴子》。此喻学习要有紧迫感。又《朱子语类》卷一百四《自论为学工夫》："先生每得未见书，必穷日夜读之。尝云：'向时得《徽宗实录》，连夜看，看得眼睛都疼。一日，得《韩南涧集》，一夜与文蔚同看，倦时，令文蔚读。听至五更，尽卷。曰：一生做诗只有许多。'"可与此互参。

【翻译】

（学习）要像居住在燃烧的房子里面，要像坐在漏水的船中一样。

六五　为学极要求把篙处着力。①到工夫要断绝处，又更增工夫，着力不放令倒，方是向进处。为学正如撑上水船，方平稳处，尽行不妨。及到滩脊急流之中，舟人来这上一篙，不可放缓。直须着力撑上，不得一步不紧。放退一步，则此船不得上矣。

【注释】

①把篙：撑竹篙。船工逆水行船，在遇到风小滩急的时候，需要撑竹篙使船前行。此喻关键处。

【翻译】

学习（好比撑船），特别讲究在该撑竹篙的时候用力。当撑篙的力气要用完（船要停下来）的时候，要再加大力气，用竹篙使劲不让（它）停下来，这样才能使船继续向前。学习就像撑逆水而行的船只，在水势平稳的时候，还不妨让它自己行驶。等到了险滩急流的时候，船工们就要使劲撑篙，不能放松。要一直用力撑，一步都不能放松。（只要）放松一步，那船就无法逆水而上了。

六六　学者为学，譬如炼丹，①须是将百十斤炭火煅一饷，②方好用微微火养教成就。③今人未曾将百十斤炭火去煅，便要将微火养将去，如何得会成？

【注释】

①炼丹：道教修炼术之一。源于古代方术，原指置朱砂于炉中炼制。后有内丹、外丹之分。以气功修炼人体精、气、神谓之内丹，以炉火烧炼药石谓之外丹。按：

此条徽州本前有"先生论学者"一句。

②煅（duàn）：烧制。

③养：犹言保持。成就：成功。

【翻译】

先生说学者治学，就像炼丹，应该先用几百斤木炭燃起的大火猛烧一阵，然后再用小火慢慢烧至成功。现在的人，从来没有用几百斤木炭的猛火去烧过，就先维持用小火慢慢去烧，这样怎么能烧制成功？

六七　今语学问，正如煮物相似。须爇猛火先煮，①方用微火慢煮。若一向只用微火，何由得熟？欲复自家元来之性，乃恁地悠悠，几时会做得？大要须先立头绪，头绪既立，然后有所持守。《书》曰："若药不瞑眩，厥疾弗瘳。"②今日学者皆是"养"病。③

【注释】

①爇（ruò）：烧。

②若药不瞑眩，厥疾弗瘳（chōu）：见《尚书·商书·说命》。本意是说吃了药头晕眼花后，才能治好病。如今人所谓治重病要下猛药。这里比喻读书要下苦功。瘳：病愈。

③养：保养。这里比喻苟且维持，因循懈怠。

【翻译】

现在谈做学问，正和煮东西一样。要先用大火煮，再用小火慢慢炖。如果一直用小火，（东西）什么时候才能熟？想要恢复自己的本性，还如此慢条斯理，什么时候才能做成？因此，重要的是首先树立个目标，目标确立起后，然后再保持坚守（下去）。《尚书》上说："如果吃了药不感到头晕眼花，病就不可能治好。"现在的学者都是个"养"的毛病。

六八 譬如煎药，先猛火煎，教百沸大滚，直至涌坌出来，①然后却可以慢火养之。

【注释】

①坌（bèn）：涌出貌。

【翻译】

好比煎药，先要用猛火煎煮，让（各种药）烧开翻滚，直到（在锅里）都喷涌出来，然后才能再慢慢（用小火）保持（一定的热度）。

六九 须磨砺精神去理会。天下事，非燕安暇豫之可得。①

①燕安：享乐。燕，安也。又《朱子语类》卷一百四《自论为学工夫》："先生患气痛，脚弱泄泻，或劝晚起。曰：'某自是不能晚起。虽甚病，才见光亦便要起，寻思文字。才稍晚，便觉似宴安鸩毒，便似个懒惰底人，心里便不安，须是早起了却，觉得心下松爽。'"可与此互参。

【翻译】

要磨练砥砺（起自己的）精神去理解领会。天下事，没有（轻轻松松像）享乐休闲一样就可以得到的。

七〇　万事须是有精神方做得。

【翻译】

任何事情都要振作起精神才能做成。

七一　阳气发处，金石亦透；精神一到，何事不成？

【翻译】

阳气产生的时候，（即使是）金属石头也能穿透；精神如果到了（一定的程度），什么事情不能办成？

七二　凡做事，须着精神。①这个物事自是刚，有锋刃，如阳气发生，虽金石也透过。

①着：下、用。

【翻译】

大凡做事，都要用精神。（精神）这个东西刚猛，有锋刃，好比阳气产生，即使金属石头也能穿透。

七三　人气须是刚，方做得事。如天地之气刚，故不论甚物事，皆透过。①人气之刚，其本相亦如此。②若只遇着一重薄物事，便退转去，如何做得事？③

【注释】

①语本《孟子·公孙丑上》："曰：'我知言，我善养吾浩然之气。'敢问何谓浩然之气？'曰：'难言也，其为气也至大至刚，以直养而无害，则塞于天地之间。'"

②本相：佛教语，指生、住、异、灭等四有为相之本相。又作大相。所谓生相，即由无而有；住相即成长之形；异相即衰老变坏；灭相即最终灭亡。此生、住、异、灭四相，迁流不息，此灭彼生，此生彼灭。这里用以指本来面目，原形。

③原文后注："方子录云：天地之气虽至坚，如金石，无所不透。故人之气亦至刚，盖其本相如此。"

【翻译】

人的气性还是刚猛一点，才做得成事。好比天地之气至刚，所以不论什么东西，都能穿透得过。人的气质要刚猛，原因也是这样。如果（不是这样，）只遇到一点薄薄的东西（阻碍），就退缩回去了，怎么能做得成事？

七四　学者识得个脉路正，便须刚决向前，^①若半青半黄，^②非惟无益。

【注释】

①刚决：刚毅果断。

②半青半黄：比喻不纯粹，不专一。

【翻译】

学者认清了正确的途径，就应该刚毅果敢地向前，如果三心二意，犹豫不决，（那就）不仅仅是没有好处了。

七五　因举酒云："未尝见有衰底圣贤。"^①

【注释】

①衰：这里和"刚"相对，指精神或意志衰飒、颓废。又《朱子语类》卷一百四《自论为学工夫》："人之血气固有强弱，然志气则无时而衰。苟常持得这志，纵血气衰极，也不由他。如某而今如此老病衰极，非不知每

日且放晚起以养病，但自是心里不稳，只交到五更初，目便睡不着了。虽欲勉强睡，然此心已自是个起来底人，不肯就枕了。以此知人若能持得这个志气，定不会被血气夺。凡为血气所移者，皆是自弃自暴之人耳。"可与此互参。

【翻译】

（先生）接着端起酒说："从来没有见过（精神意志）衰飒、颓废的圣贤。"

七六　学者不立，则一齐放倒了。

【翻译】

学者如果（志向）不能树立起来，那么（其他的一切也）就都不行了。

七七　不带性气底人，为僧不成，做道不了。①

【注释】

①《论语·子路》："子曰：'南人有言曰：人而无恒，不可以作巫医。'"朱熹似仿此。僧、道：旧以为资质低下，无才能之人始为之职业。

【翻译】

没有点性格脾气的人，当和尚当不成，做道士也做不了。

七八 因言："前辈也多是背处做几年，方成。"

【翻译】

（先生）接着说："前辈也有很多是暗地里下了很多年（苦功），才有所成就的。"

七九 进取得失之念放轻，却将圣贤格言处研穷考究。若悠悠地似做不做，如捕风捉影，有甚长进？今日是这个人，明日也是这个人。

【翻译】

要把进取得失的念头放轻点，把圣贤所说的格言警句的地方，仔细钻研，深入思考探究。如果因循苟且，要做不做的，或者捕风捉影，（那）能有什么长进呢？今天是这样的一个人，明天还是这样的一个人。

八〇 学者只是不为己，①故日间此心安顿在义理上时少，安顿在闲事上时多。于义理却生，于闲事却熟。

【注释】

① 《论语·宪问》："子曰：'古之学者为己，今之学

者为人。'"

【翻译】

现在的学者（学习）都是不为自己，所以白天把心思放在钻研义理的时候少，放在闲事上的时候多。对于义理生疏，对于闲事却熟悉。

八一　今学者要紧且要分别个路头，要紧是为己为人之际。①为己者直拔要理会这个物事，②欲自家理会得，不是漫恁地理会，且恁地理会做好看，教人说道自家也曾理会来。这假饶理会得十分是当，③也都不关自身己事。要须先理会这个路头，若分别得了，方可理会文字。

【注释】

①际：边际、界限。

②直拔：直接。

③假饶：即使。

【翻译】

现在的学者最要紧的是要分清楚（治学）的路径，要分清为自己为别人的界限。为自己，就要直接地去理解领会这些。想要自己去理解领会，那就不能随意地去理解领会，不是做样子去理解领会，好教人说自己也能理解领会了。这样即使理解领会得对，也都不是和自己相关的事。要先理解领会清楚（治学的）路径，如果能分别得清，才能理解领会书上的文字。

八二　"学者须是为己。譬如吃饭，宁可逐些吃，令饱为是乎？宁可铺摊放门外，报人道我家有许多饭为是乎？近来学者多是以自家合做底事报与人知。"又言："此间学者多好高，只是将义理略从肚里过，却翻出许多说话。旧见此间人做婚书，亦说天命人伦。男婚女嫁，自是常事。盖有厌卑近之意，故须将日用常行底事装荷起来。如此者，只是不为己，不求益；只是好名，图好看。亦聊以自诳，如南越王黄屋左纛，^①聊以自娱尔。"

【注释】

①指西汉时期南越王赵佗，事见《史记》卷一百一十三《南越尉佗传》。"黄屋左纛"是旧时天子的车饰，这里用来比喻虚张声势。纛（dào）：古时帝王车上用牦牛尾或雉尾制成的饰物。

【翻译】

（先生说：）"学者（学习）应该是为自己。比如吃饭，是宁可一点一点吃，吃饱呢？还是把饭菜铺摊在门的外面，向人家显示说我这里有许多饭呢？现在的学者多像这样，要把自己本应该做的事告诉给别人知道。"又说："这里的学者多喜好高深（的道理），（其实）只是将（别人谈到的）义理从自己的肚子里经过下，（自己不思索）

就生发出许多意思。以前曾经看到这里的人写婚书，也要去说些什么天命人伦。男大当婚，女大当嫁，这本来是很平常的事。（何必说得那么玄妙？）大概是因为嫌这些普通的道理不够高深吧，所以把这些日常的、普通的行为，也要装点一番。像这样，都不是为了自己，不是为了真有所收获，只是为了个虚名，图好看，也为了自己欺骗自己。好比（西汉僻居一隅的）南越王赵佗也僭用皇帝的器物，在自己的马车上装饰用黄缯做的顶盖，在自己的马车左边上装饰用毛羽做成的幢，姑且自娱自乐罢了。"

八三　近世讲学不着实，^①常有夸底意思。譬如有饭，不将来自吃，^②只管铺摊在门前，要人知得我家里有饭，打叠得此意尽，^③方有进。

【注释】

①着实：笃实、切实。

②将来：拿来。

③打叠：收藏。

【翻译】

现在的（学者）讲学一点也不笃实，常常有浮夸的意思。比如吃饭，不是拿来自己吃，而是只管把（饭菜）铺摊在大门前，要让人家知道我家里有饭。（一个人只有）把这些念头都收拾起来，才能有长进。

八四　今人为学，多只是谩且恁地，^①不曾真实肯做。

【注释】

①谩：欺骗。

【翻译】

现在的人治学，大多数是在那里骗，不肯真心实意地去做。

八五　今之学者直与古异。今人只是强探向上去，^①古人则逐步步实做将去。

【注释】

①上：这里指做学问的后面阶段，相对于前面的基础知识。

【翻译】

现在的学者简直和古代的学者不同。现在的学者是（本来不行，也要）勉强自己向后面做去，古代的学者则是一步一步脚踏实地把学问做下去。

译者按：此言学习要笃实，不能助长。

八六　只是实去做工夫，议论多，转闹了。

【翻译】

只管脚踏实地去下工夫，议论多了，反而扰乱了自己。

八七　每论诸家学及己学，大指要"下学",①着实。②

【注释】

①下学：见本卷四七注③。这里指最基本的知识。

②着实：落实。

【翻译】

（先生）每次谈论到诸家的学问和自己的学问，主要的意思都是说要从最基本的知识着手，要踏踏实实。

八八　为学须是切实为己，则安静笃实，承载得许多道理。若轻扬浅露，如何探讨得？说得去，也承载不住。

【翻译】

做学问要切切实实为了自己，（那样自然）就安静笃实，承载得起许多道理。如果轻飘浅露，怎么可能经受得起探究、讨论？（就算能）狡辩过去，也承载不起。

八九　入道之门，是将自家身己入那道理中去，渐渐相亲，久之，与己为一。^①而今人道理在这里，自家身在外面，全不曾相干涉。

【注释】

①与己为一：指真正了解接受道理，仿佛就是自己的观点一样。

【翻译】

要获得入道的门径，就是要将自己融入到那道理中去，慢慢去接近接受，时间久了，自己的言行和道理就一致了。而现在的人是道理在这里，自己却在道理的外面，完全不相干一样。

九〇　或问为学。曰："今人将作个大底事说，不切己了，^①全无益。一向去前人说中乘虚接渺，^②妄取许多枝蔓，只见远了，只见无益于己。圣贤千言万语，尽自多了。前辈说得分晓了，如何不切己去理会？如今看文字，且要以前贤程先生等所解为主，^③看它所说如何，圣贤言语如何，将己来听命于它，切己思量体察，就日用常行中着衣吃饭，事亲从兄，^④尽是问学。若是不切己，只是说话。今人只凭一己私意，瞥见些子说话，^⑤便立个主张，硬要去说，便要圣贤从我言语路头去，如何会有益。此其病只是要说高说妙，将来做个好看底物事做弄。如人吃饭，方知滋味。如不曾吃，只要摊出在外面与人看，济人济己都不得。"

【注释】

①切己：和自己联系密切。

②一向：一味。

③程先生：指宋代理学的奠基者程颢（字伯淳，又称明道先生）、程颐（字正叔，又称伊川先生）。

④从：服从。

⑤些子：些许，极言其少。

【翻译】

有人问（怎样）研究学问。（先生）说："现在的人（喜欢）拿个大的事情去说，和自己的联系一点都不密切了，完全没有益处。一味地从前人的观点中抓住些虚无缥缈的（观点），从中选取些枝枝节节的问题，只见得玄远，只见得对自己没有益处。圣贤千言万语，说得多了。前辈说得已经很清楚了，为什么不结合自己去理解领会？（我们）现在读书，要以从前程先生的讲解为主，看他是怎样说的，圣贤是如何说的，自己先老老实实听取前辈们的意见，（然后再）结合自己（的理解）去思考体验观察，（我们平时）日常生活中怎样穿衣？怎样吃饭？怎样孝敬父母？怎样顺从兄长，（这些）都是学问（研究的对象）。如果不能联系自己，那就是空谈。今人只是凭借自己一己之私见，浮光掠影地看见些言论，就确立个观点，生硬地去说，让圣贤顺从自己的观点，如何能有益？这个毛病主要在只是想谈论些高深玄妙的，将来做个好看的样子卖弄。好比一个人吃饭，只管（自己）吃得有味。如果（自己）不去吃，只想摆在外面给别人看，对别人对自己都没有好处。

　　九一　或问："为学如何做工夫？"曰："不过是切己，便的当。①此事自有大纲，亦有节目。常存大纲在我，至于节目之间，无非此理。体认省察，一毫不可放过。理明学至，件件是自家物事，然亦须各有伦序。"②问："如何是序？"曰："不是安排此一件为先，此一件为后。此一件为大，此一件为小。随人所为，先其易者，阙其难者，将来难者亦自可理会。且如读书一样，《礼》《春秋》有制度之难明，本末之难见，且放下未要理会，亦得。如《诗》《书》，直是不可不先理会。又如《诗》之名数，③《书》之《盘》《诰》，④恐难理会。且先读《典》《谟》之书，⑤《雅》《颂》之诗，何尝一言一句不说道理？何尝深潜谛玩，无有滋味？只是人不曾仔细看。若仔细看，里面有多少伦序，须是仔细参研方得。此便是格物穷理。如遇事亦然，事中自有一个平平当当道理，只是人讨不出，只随事滚将去，亦做得，却有掣肘不中节处。亦缘卤莽了，所以如此。圣贤言语何曾误天下后世，人自学不至耳。"

①的当：恰当，稳妥。

②伦序：条理、顺序。

③名数：名位礼数。

④《盘》《诰》：指《尚书·商书》中的《盘庚》和《周书》中的《大诰》《康诰》《酒诰》《梓材》《召诰》《洛诰》《多士》《多方》（也即通常所说的《周初八诰》）等篇，以晦涩难读著称。唐韩愈《进学解》："周诰殷盘，诘屈聱牙。"

⑤《典》《谟》：指《尚书·虞夏书》中的《尧典》《舜典》《大禹谟》《皋陶谟》等章。

【翻译】

有人问："治学应该怎样下工夫？"（先生）说："不过是要联系自己，就恰当了。这个事有大纲，也有细节。（我们应该）经常思考大纲，至于细节之间，无非还是这个道理。（我们要认真去）体会认识检省观察，丝毫都不能放过去。道理明白了，学问就到家了，件件都是自己的东西了，但是也要有个条理顺序。"接着问："什么是条理顺序呢？"（先生）说："不是（事先人为的）安排好这件事情在前，这件事情在后，这件事情重要，这件事情不重要，（而是）根据每个人所从事的具体情况，先做简单的，搁置困难的，将来困难的自然可以理解领会。就像读书一样，《礼》《春秋》（这一类书），有的是制度难以明白，有的是来龙去脉难以看清，（遇到这些问题，不妨）先放下不去理解领会，也行。像《诗经》《尚书》这类书，就不能不先理解领会了。至于《诗经》中涉及名位礼数（的地方），和《尚书》中的《盘庚》《大诰》等，恐怕就很难理解领会了。（可以）暂且先读《尚书》中的《尧典》《舜典》《大禹谟》《皋陶谟》等章以及《诗经》中《大小雅》《颂》里的诗篇，（那里面）一字一句又何尝不是在讲道理？（假如我们去）深入钻研仔细玩味，又何尝不会有所领悟和收获？（现在的人）只是不去仔细看罢了。如果仔细看，里面有多少条理顺序？（这些）都要仔细参究才行，这就是我说的格物穷理。遇到一个事情也是这样，任何一个事情里面都有一个平正允当的道理，（现在的人）只是研讨不出来罢了。只是一味地随着事情蒙混过去，就是做了，里面也有挂碍不允当的地方，这是因为自己太粗疏了，所以才会这样。圣贤的言语什么时候贻误了天下后世？（只是）大家自己学得不到家罢了。"

九二　佛家一向撤去许多事，只理会自身己。其教虽不是，其意思却是要自理会，所以它那下常有人，自家这下自无人。今世儒者，能守经者，理会讲解而已；

看史传者，计较利害而已。那人直是要理会身己，从自家身己做去。不理会自身己，说甚别人长短！明道曰：①"不立己后，虽向好事，犹为化物，②不得以天下万物挠己。己立后，自能了当得天下万物。"只是从程先生后不再传而已衰。所以某尝说自家这下无人。佛家有三门：曰教、曰律、曰禅。③禅家不立文字，④只直截要识心见性；律本法甚严，毫发有罪。如云"不许饮水"，⑤才饮水便有罪过。如今小院号为律院，⑥乃不律之尤者也！教自有三项：曰天台教，⑦曰慈恩教，⑧曰延寿教。⑨延寿教南方无传，有此文字，无能通者。其学近禅，故禅家以此为得。天台教专理会讲解，慈恩教亦只是讲解。吾儒家若见得道理透，就自家身心上理会得本领，便自兼得禅底；讲说辨订，便自兼得教底；动由规矩，便自兼得律底。事事是自家合理会。颜渊问为邦，⑩看它陋巷箪瓢如此，⑪又却问为邦之事，只是合当理会，看得是合做底事。若理会得入头，意思一齐都转；若不理会得入头，少间百事皆差错。若差了路头底亦多端：有才出门便错了路底，有行过三两条路了方差底，有略差了便转底，有一向差了煞远，终于不转底。

【注释】

①明道：程颢之号。

②化物：化于物。谓被外物所同化。《礼记·乐记》：

"夫物之感人无穷，而人之好恶无节，则是物至而人化物也。人化物也者，灭天理而穷人欲者也。"

③教：梵语音译。意译效、训。即圣人垂训，众人效之；或谓圣人被泽于下者之言。亦即能诠之言教，为始于佛陀一代所说之法与菩萨诸圣所垂教道之总称。一般将佛之经教分为大乘教、小乘教两种。律：梵语音译。指佛陀所制定，而为比丘、比丘尼所须遵守的有关生活规范之禁戒。此谓随犯随制（随缘制戒）。佛弟子之出家众如犯恶行，佛陀则必教诫：今后同样之行为不可再犯，如再犯，则处罚。后乃成为僧伽之规定，故律必附有处罚之规定。律乃为应出家众而制定者，是被动者，故与戒应有所区别，然后世常将其混同使用。禅：梵语音译，指将心专注于某一对象，极寂静以详密思惟之定慧均等之状态。禅为大乘、小乘、外道、凡夫所共修，然其目的及思惟对象则各异。禅及其他诸定，泛称为禅定；又或以禅为一种定，故将修禅况思称为禅思。

④不立文字：禅林用语。指以心传心。禅宗认为悟之内容，无法以文字言语传述，必须由师心直接传予弟子心，此种以心传心之境地，称为不立文字。

⑤南朝宋罽宾三藏佛陀什等译《五分律》第五分杂法："有二比丘共道行，无漉水囊，渴欲饮水，见中有虫。一比丘饮，一比丘不饮而死。饮水比丘至佛所，以事白佛。佛言：彼比丘有惭愧心，乃能守戒而死。从今不听

无漉水囊行，犯者突吉罗。"按：突吉罗，梵语音译。戒律之罪名。即恶作、恶语等诸轻罪。

⑥律院：又作律寺。专依准戒律，持律严谨者止住之寺院。我国自宋代后，禅、教、律三派并立，寺院亦分禅、教、律三者，属于律者称律院，与教院、禅院相对称。

⑦天台教：又称天台宗。南北朝时北齐慧文禅师悟印度龙树《中观论》的宗旨，以授南岳慧思，传于隋智颢。智颢依据《法华经》，著作《法华玄义》《摩诃止观》《法华文句》，建立空、假、中三谛圆融并止观双运的修行方法，遂创此宗。智颢常住天台山，故名。又因以《法华经》为主要的教义根据，亦称法华宗。天台宗盛行于唐，衰于五代，至宋复兴。因争论智颢《金光明经玄义》真伪等问题，分为山家、山外两派。山外派受他宗影响，被斥为不纯，不久衰微。9世纪初，日僧最澄入唐学习天台教义，传入日本。11世纪末，朝鲜僧义天入宋学习天台教义，传入朝鲜。

⑧慈恩教：又作慈恩宗、法相宗、瑜伽宗、应理圆实宗、普为乘教宗、唯识中道宗、唯识宗、有相宗、相宗、五性宗。广义而言，泛指俱舍宗、唯识宗等以分别判决诸法性相为教义要旨之宗派，然一般多指唯识宗，或以之为唯识宗之代称。为中国佛教十三宗之一、日本八宗之一。以唐代玄奘为宗祖，依五位百法，判别有为、

无为之诸法，主张一切唯识之旨之宗派。

⑨延寿教：即法眼宗。中国佛教中禅宗五家之一。由于此宗的开创者文益圆寂后，南唐中主李璟给以"大法眼禅师"的称号，后世因称此宗为法眼宗。延寿，余杭人，二十八岁时依雪峰义存的法嗣翠岩令参出家，既而往天台山，在天柱峰下习定九旬，又往谒德韶尽受玄旨，后周广顺二年，住在明州的雪窦山，学人很多。宋建隆元年，应吴越王钱俶之请，住杭州灵隐山的新寺为第一世，第二年又应请移住永明寺（今净慈寺），参学的大众有两千多人。著有《宗镜录》一百卷、《心赋注》四卷及《唯心诀》一卷等，阐扬文益的尽由心造之旨。高丽国王仰慕他的学德，遣使致书叙弟子礼，并遣僧三十六人来受道法，前后回到高丽，各化一方，于是法眼一宗盛行于海外。延寿住在永明寺十五年，度弟子一千七百人。法嗣有富阳子蒙、朝明院津两人。法眼宗为禅宗五家中最后创立的宗派，文益、德韶、延寿三世，嫡嫡相传，在宋初极其隆盛，后即逐渐衰微，到宋代中叶，法脉就断绝了，其间不过一百年。

⑩见《论语·卫灵公》。

⑪《论语·雍也》："子曰：'贤哉回也，一箪食，一瓢饮，在陋巷，人不堪其忧，回也不改其乐。贤哉回也！'"

【翻译】

佛家一向撇开许多事情，只理解领会和自己切身相关的。他们的宗教虽然不对，但他们的教义（，我们）却是要去理解领会。所以他们那边经常有人才（出现），我们这边却没有人才（出现）。现在的儒者，执守一经的，不过是能讲解下（经书里的内容）而已；研读史传的，不过是能分析比较下（历代的）利害得失罢了。（这样怎么行呢？）要从自己切身的角度去理解领会，从自己切身的地方去做。不理会自己的切身事情，去说别人的好坏干什么？明道先生说："（如果）不确立好自己（的志向），即使是以前的好东西，也会被外物同化，不能应对天下万物对自己的干扰。自己的志向确立后，自然就能应对天下万物了。"只是从程先生后就再没有人能传承下去，逐渐衰落了，所以我经常说我们这边没有人才了。佛教有三大门类：叫作教，叫作律，叫作禅。禅家不主张语言文字，只是让你直接去认识自己的内心，阐明自己的本性。律严格地遵循法规，（哪怕触犯）一点小的戒律都有罪过。如说"不准喝水"，一旦喝水就是罪过。如今一些小的寺院也叫作律院，其实却是不遵循戒律到极至了！教又分为三类：叫天台教，叫慈恩教，叫延寿教。延寿教在南方没有传播开，流传下来一些典籍，但无人能精通，他们的学术接近禅家，所以禅家从中颇有领悟。天台教专重讲解，慈恩教也是专重讲解。我们儒家如果能透彻的领悟道理，从自己身上去理解领会本源，就自然兼有了禅的法则；（如果能去）讲说辨证，就自然兼有了教的法则；行动遵循一定的规则，就自然兼有律的法则。每一件事情上都自己去理解体会。颜渊问治理国家的方法，自己居住在简陋的里巷中，用着简陋的器皿，过着清贫的生活，却要问治理国家的大事，只是因为（他）认为应该去理解领会，看到的是自己应当做的事情。如果理解领会的对路了，（各种）意思都会随着一起运转。如果理会的不对路，要不了多久，什么事情都会产生差错。走错了路也有很多种：有才出门就走错了的；有已经走过了两三条路后才走错了的；有稍微走错了路，就纠正回来的；有一直走错了路走了很远，始终没有纠正过来的。

九三　不可只把做面前物事看了，须是向自身上体认教分明。如道家存想，^①有所谓龙虎，^②亦是就身上存想。

【注释】

①存想：道家修炼方法之一。《天隐子》："存谓存我之神，想谓想我之身。闭目即见自己之目，收心即见自己之心。心与目皆不离我身，不伤我神，则存想之渐也。"

②龙虎：道教指水火。

【翻译】

不能把（道理）只当成自己面前的（一个普通）事物看待了事，要向自己身上体验认识清楚。好比道家修炼中的存想，有所谓龙虎，也就是在自己身上冥想。

九四　为学须是专一，吾儒惟专一于道理，则自
有得。

【翻译】

治学应该专一，我们这些儒者只要专一用心于道理，
就自然会有收获。

九五　既知道自家患在不专一，何不便专一去？

【翻译】

既然知道自己的毛病在于不专一，那为什么不从现
在开始就专一呢？

九六　须是在己见得只是欠阙，它人见之却有长进，
方可。

【翻译】

（一个人）应该是自己看到（自己的）都是不足，别
人看到自己却是有长进，才行。

九七　人白睡不得，^①要将圣贤道理扶持。

【注释】

①白睸：白白地拖延。

【翻译】

一个人混日子不行，要（想着）把圣贤的道理揭示出来。

九八　为学之道须先存得这个道理，方可讲究事情。

【翻译】

治学的方法就在于要先随时想着这个道理，才能去研究（遇到）的问题。

九九　今人口略依稀说过，①不曾心晓。

【注释】

①依稀：不清晰。

【翻译】

现在的人只（知道在）嘴巴上含混地说下，不曾心里明白。

一〇〇　发得早时不费力。

【翻译】

警省得早时，就不用花费（太大）力气。

一〇一　有资质甚高者，一了一切了，即不须节节用工也。^①有资质中下者，不能尽了，却须节节用工。

【注释】

①节节：逐一。

【翻译】

有的人天赋很高，一个事情明白了，其他的事情也都明白了，就不需要逐个逐个下工夫。有的人天赋属于中下，不能都明白，就需要逐个逐个下工夫。

一〇二　博学，^①谓天地万物之理，修己治人之方，皆所当学。然亦各有次序，当以其大而急者为先，不可杂而无统也。^②

【注释】

①《礼记·中庸》："博学之，审问之，慎思之，明辨之，笃行之。"

②统：头绪。

【翻译】

所谓广博的学习，是说（大到）天地万物的道理，

（小到）个人的修养和治理他人的方法，都应当去学习。但是也有一定的顺序，应当先去学那些重要的和紧急的，不能庞杂而无头绪。

一〇三　今之学者多好说得高，不喜平。殊不知这个只是合当做底事。

【翻译】

现在的学者多喜欢说得高深，不喜欢平易，殊不知这些高深的（道理）都是理当去做的事情。

一〇四　譬如登山，人多要至高处，不知自底处不理会，①终无至高处之理。

【注释】

①底：低下的地方。《尚书·太甲下》："若升高必自下，若陟遐必自迩。"

【翻译】

就像登山，人们都想要到（山的）最高的地方去。不知道如果不从低矮的地方开始起，终究没有到达高处的道理。

一〇五　于显处平易处见得，则幽微底自在里许。

【翻译】

（如果）能明白浅显平易的道理，那么幽深精微的道理也就自然蕴涵在其中了。

一○六　且于切近处加功。^①

【注释】

①切近：切实浅近。

【翻译】

先在切实浅近的地方多下工夫。

一○七　着一些急不得。^①

【注释】

①按：此句语意不完，不过综合前面所说的情况看，朱熹的意思应该是说学习要从切近浅易的地方入手，不能好高骛远，过于着急。

【翻译】

（学习）一点都不能着急。

一○八　学者须是直前做去，莫起计获之心。如今说底恰似画卦影一般，^①吉凶未应时，一场鹘突，^②知它是如何？到应后，方始知原来是如此。

【注释】

①卦影：古代术士于卜卦时为隐寓卦意以备应验所绘制的图形（或辅以文辞）。亦借指此种卜术。宋朱彧《萍洲可谈》卷三："熙宁间，蜀中日者费老筮《易》，以丹青寓吉凶。在十二辰，则画鼠为子，画马为午，各从其属。画牛作二尾则为失，画犬作二口为哭，画十有一口则为吉。其类不一，谓之卦影。亦有繇词，以相发明。其书曰《轨革》。"

②鹘突：糊涂。

【翻译】

学者应该一直向前做下去，不要有计较收获的心思。现在（书上）说的就像画卦影一样，吉凶没有应验时，一塌糊涂，谁知道它说的是什么？等到应验了后，才知道原来是这样子的。

一〇九　某适来因澡浴得一说：大抵揩背，须从头徐徐用手，则力省，垢可去。若于此处揩，又于彼处揩，用力杂然，则终日劳而无功。学问亦如此，若一番理会不了，又作一番理会，终不济事。

【翻译】

我刚才通过洗澡想到一个比喻：大抵擦背，应该用手从头开始慢慢往下擦，那样就节省力气，污垢也可以去除。如果在这里擦拭下，又去那里擦拭下，乱七八糟地用力，就终日劳累而不见功效。学问也是这样，如果一处（知识）理解领会不了，又去领会另一处的知识，最终还是不能搞懂。

一一〇　学者须是熟。熟时，一唤便在目前；不熟时，须着旋思索，①到思索得来，意思已不如初了。

【注释】

①旋：临时。

【翻译】

学者（对学习的内容）应该熟悉。熟悉了，一提起，就出现在眼前；不熟悉，（提起后，）还要现思考，等到思考出来，已经未必是自己当初理解时的意思了。

一一一　道理生，便缚不住。

【翻译】

道理生疏，就不牢靠。

一一二　见须是见得确定。

【翻译】

要明白就应该明白得彻底。

一一三　须是心广大似这个，方包裹得过，运动
得行。①

【注释】

①按：此当是以包裹东西为喻。道理好比是要包裹
的东西，思考好比是包裹布，包裹布要比包裹的东西大，
这样才能包裹牢靠。比喻只有经过周密深入的思考后所
得到的道理，才能经受得住考验。

【翻译】

（思考的时候，）心思应该像这个（布）一样宽广，
（这样）才能包裹得住（东西），运动的时候才行。

一一四　学者立得跟脚阔便好。①

【注释】

①跟脚：犹言根基，治学的基础。

【翻译】

学者还是根基建立得宽阔点好。

一一五 须是有头有尾，成个物事。①

【注释】

①按：此当是批评当时学者一知半解，不究始末。犹今之学者所谓要形成属于自己的知识谱系，不能碎片化。

【翻译】

要有头有尾，才像一回事。

一一六 彻上彻下，①无精粗本末，②只是一理。

【注释】

①彻：整个。

②本末：本，根本。末，细枝末节。这里指大的、重要的方面和小的、次要的方面。

【翻译】

（天下万事万物）从上到下，无论精细粗疏、重要不重要，都是一个道理。

一一七 最怕粗看了，便易走入不好处去。

【翻译】

（我）最怕（现在的学者）粗疏地看过去，（这样）就容易流入不好的地方去。

一一八　学问不只于一事一路上理会。

【翻译】

学问不能只在一件事情、一个方面上去理解体会。

一一九　贯通是无所不通。

【翻译】

（真正）贯通了就没有哪个环节不畅通。

一二〇　"未有耳目狭而心广者"，[①]其说甚好。

【注释】

①见北宋李觏《盱江集》卷二十一《庆历民言三十篇·广意》。

【翻译】

"没有见闻狭窄而心胸宽广的"，这个说法非常好。

一二一　帖底谨细做去，[①]所以能广。

【注释】

①帖底：又作"帖帖底"，小心翼翼的样子。

【翻译】

（只有）小心翼翼、认真细致去做，才能（逐渐使自己的知识变得）宽广。

一二二 大凡学者，无有径截一路，①可以教它了得；②须是博洽，历涉多，方通。

【注释】

①径截：径直、便捷。

②了：明了。

【翻译】

大凡学者，没有便捷的方法，可以让他（一下就）省悟。应该广博通洽地阅读，经历多了，（自然）就能贯通。

一二三 不可涉其流便休。①

【注释】

①按：此以过河为喻，谓学者当探河穷源，不可浅尝辄止。

【翻译】

不能仅仅粗涉河水的支流，就停止了。

一二四　天下更有大江大河，不可守个土窟子，谓水专在是。

【翻译】

天下还有大江大河，不能株守着个小池塘，就认为水都在这里。

一二五　学者若有本领，相次千枝万叶，^①都来凑着这里，看也须易晓，读也须易记。

【注释】

①相次：相继，次第。此以树为喻，言真正的学者的学说都应该是有条理的，就好比一棵树虽然繁茂，但它的千枝万叶都汇集在根干上。

【翻译】

（一个）学者如果真有本事，（他的知识）就如树的千枝万叶一样排列得井井有条，都会聚集（在枝干上）。（我们）看（他的书）也容易懂，读（他的书）也容易记。

一二六　大本不立，小规不正。^①

【注释】

①规：本指圆规，这里指规则。按：此当与本卷一二八互参。

【翻译】

大的根本不确立（好），小的规则就不可能端正。

一二七　刮落枝叶，栽培根本。①

【注释】

①按：此以树喻。枝叶：比喻声华、浮泛不实之处。

【翻译】

要剪除掉闲枝冗叶，栽种培护好根基。

一二八　大根本流为小根本。①

【注释】

①按：此处费解。《朱子语类》卷一百八《论治道》："天下事有大根本，有小根本。正君心，是大本；其余万事，各有一根本。如理财，以养民为本；治兵，以择将为本。"又云："天下事自有个大根本处，每事又各自有个紧要处。"则此处或是提醒门人不可本末倒置，将大的根本处变成小的根本。又四库本后尚有"举前说，因先说

'钦夫学大本如此，则发处不能不受病'"一段注文，则此处或是针对张栻而发。钦夫：宋张栻之字。又字敬夫、乐斋，号南轩。师从胡宏，著有《南轩集》《南轩易说》等。《宋史》卷四百二十九有传。发：当指从树的根本上生发出的枝芽。朱熹此处以树喻，大意是说："钦夫先生大的根本问题是这样，那么从这个根本上生发出的（观点）就不可能不存在弊病。"中华本将四库本注文作正文排列，非是。

【翻译】

（现在的人把）大的根本变成了小的根本。

一二九　学问须严密理会，铢分毫析。①

【注释】

①铢：古代重量单位，说法不一。此极言其轻。毫：古代长度单位。此喻细微。

【翻译】

学问应该严格缜密地去理解体会，即使是一分一两、一丝一毫都要去深入辨析。

一三〇　因论为学曰："愈细密，愈广大；愈谨确，①愈高明。"

【注释】

①谨确：严谨笃实。

【翻译】

（先生）接着谈论治学时说："（钻研的时候）越细密，（今后的学问）才能越广大；（学习的时候）越严谨笃实，（今后的学问）才能越高深明畅。"

一三一　开阔中又着细密，^①宽缓中又着谨严。

【注释】

①着：安放。

【翻译】

（研究学问的时候，）广阔中又需要有细密，宽缓中又需要有谨严。

一三二　如其窄狭，则当涵泳广大；^①气象颓惰，则当涵泳振作气象。

【注释】

①涵泳：沉浸于其中，深入领会。

【翻译】

如果一个人心胸狭窄褊浅，那么就应当让自己心胸宽广博大；如果一个人精神颓废懒惰，那么就应当涵养沉浸，让自己精神振作。

一三三　学者须养教气宇开阔弘毅。

【翻译】

学者要（把自己）培养成气度心胸开阔，志向远大坚毅（的人）。

一三四　当使截断严整之时多，^①胶胶扰扰之时少，^②方好。

【注释】

①严整：整齐划一。

②胶胶扰扰：义同"缴绕"。比喻纠缠不清。

【翻译】

应当让（自己的观点）多像工工整整的切断的东西一样，纠缠不清的地方少，这样才好。

一三五　只有一个界分，^①出则便不是。

【注释】

①界分：界限。按：徽州本作"只有一个界分，出则不是"。

【翻译】

（什么事情都）只有一个界限，超出了，就不对了。

一三六　义理难者，便不是。

【翻译】

（阐述的）义理太艰深了，就不对了。

一三七　体认为病，自在即好。

【翻译】

（如果一个观点，要让大家）反复去体会理解，就说明有毛病，如果自然平实，就说明是正确的。

译者按：此段语句费解，其真实文意，无从判定，姑如此翻译。可参卷中第八条。

一三八　须是玩味。①

【注释】

①按：此条当与本卷一三九、一四〇条、卷中五〇互参。

【翻译】

要（反复）思索回味。

一三九　咬得破时，正好咀味。^①

【注释】

①按：此以吃水果为喻，观本卷一四〇、卷中五〇即知。

【翻译】

咬破了后，才便于（慢慢）咀嚼回味。

一四〇　若只是握得一个鹘仑底果子，^①不知里面是酸是咸，是苦是涩。须是与它嚼破，便见滋味。

【注释】

①鹘仑：即"囫囵"。完整的意思。

【翻译】

如果只是拿着个完整的水果，就无法知道里面是酸是咸，是苦是涩。要把它咬破了，才能知道它（里面）的滋味。

一四一　《易》曰："学以聚之，问以辨之，宽以居之，仁以行之。"^①《语》曰："执德不弘，信道不笃，焉能为有！焉能为亡！"^②学问之后，断以宽居。信道笃而又欲执德弘者，人之为心不可促迫也。人心须令着得一善，^③又着一善，善之来无穷，而吾心受之有余地，方好。若只着得一善，第二般来又未便容得，如此无缘心广而道积也。

【注释】

①见《易·乾卦》。

②见《论语·子张》："子张曰：'执德不弘，信道不笃，焉能为有？焉能为亡？'""焉能为有，焉能为亡"，即今人所谓"有他不多，无他不少"之意。

③着：放置。

【翻译】

《易经》上说："（君子）通过不断的学习来积累自己的知识，通过辩论来发疑质难，胸怀宽广而力行仁道。"《论语》上说："执守德行而不能光大（它），信奉大道而不笃实（实行），这样的人怎能算他存在？又怎能算他不存在？"圣贤在谈论到学问之后，又加上"宽""居"；在说到笃实的实行信奉自己的学说后，又说要执守德行并光大它。（这是因为）人（的思考和行动要有一个过程，）不能过于催促逼迫他。一个人心中应该安置完一个善言善行后，又能安置下一个善言善行，善言善行一个接一个无穷无尽，我的内心都能有余地接受它，这样才好。如果只是安置好一个善言善行，再来一个就无法容纳了，这样就没办法使自己心胸宽广、道理积累了。

一四二　自家犹不能快自家意，如何他人却能尽快我意？要在虚心以从善。

【翻译】

自己都不能让自己满意，别人又怎么可能完全符合自己的心意？（因此）要虚心听从别人的善言。

一四三　虚心顺理，①学者当守此四字。

【注释】

①虚心：此指不固执，能容纳异见。顺理：顺从道理，服从真理。

【翻译】

"虚心顺理"，学者应当坚守这四个字。

一四四　圣人与理为一，是恰好。①其它以心处这理，②却是未熟，要将此心处理。

【注释】

①恰好：这里指不多不少，不偏不倚，刚刚合适。

②处：对待。

【翻译】

圣人（的观点）能和义理融而为一，是正好。其他的人则是用自己的私意去对待义理，又不成熟，要用自己的内心去揣摩。

译者按：此句费解，姑如此翻译。

一四五　"今人言道理，说要平易，不知到那平易处极难。被那旧习缠绕，如何便摆脱得去！譬如作文一般，那个新巧者易作，要平淡便难。然须还他新巧，①然后造于平淡。"又曰："自高险处移下平易处，甚难。"②

【注释】

①还：归还，犹言摒弃。

②按：此即今人所谓上山容易下山难之意。

【翻译】

"现在的人谈论道理，都说要平实浅易，却不知要到那平实浅易的地步非常难。（大家）被那以前的习气困绕，怎么可能轻易摆脱得了？就像作文一样，那些尖新小巧的文章容易写，平淡的文章就难写。只有先摒弃那些尖新小巧的地方，才能达到平淡的（境界）。"（先生）又说："要从高峻险要的地方迁移到低下坦易的地方，很难。"

一四六　人之资质有偏，则有缝罅。做工夫处，盖就偏处做将去。若资质平底，则如死水然，终激作不起。谨愿底人更添些无状，^①便是乡原，^②不可以为知得些子便了。

【注释】

①无状：没有功绩，这里指凡庸。

②乡原：即"乡愿"，没有是非的好好先生。

【翻译】

人的天赋有偏差，就有缺点。下工夫时，就应该从这偏差的地方做起，如果是天赋平平的，就像死水一样，始终无法激发起他。恭谨的人如果又增添上凡庸，那就是好好先生，不能以为（自己）知道点就了事。

一四七　只闻"下学而上达"，不闻上达而下学。

【注释】

①见本卷四七注③。

【翻译】

我只听说（一个人先）从最浅显、切近的基础知识学习，继而向上达到领悟高深的道理。没听说（一个人）先向上去学习深奥的道理，继而再去领悟下面最浅显、切近的基础知识。

一四八　今学者之于大道，其未及者虽有迟钝，却须终有到时。唯过之者，便不肯复回来耳。①

【注释】

①《中庸》："子曰：'道之不行也，我知之矣，知者过之，愚者不及也；道之不明也，我知之矣，贤者过之，不肖者不及也。人莫不饮食也，鲜能知味也。'"

【翻译】

现在的学者（对于所追求的）大道，没有达到一定限度的，即使迟钝点，仍有达到目标的时候。至于那些超过一定限度的，就再也没有能回到正确目标的时候了。

一四九　或人性本好，不须矫揉，①教人一用此，极害理。又有读书，见义理；释书，义理不见；亦可虑。

【注释】

①矫揉：改变事物的外形。

【翻译】

有人说："人性本来就是好的，因此不需要我们去矫正他们（身上不好的东西）。"教育人一旦使用这些谬论，最危害义理。还有些人摊开书的时候明白义理，一旦丢开书本，就不知道义理了，这也令人忧虑。

一五〇　学者议论工夫，当因其人而示以用工之实，不必费辞。^①使人知所适从，以入于坦易明白之域，可也。若泛为端绪，使人迫切而自求之，适恐资学者之病。

【注释】

①《礼记·曲礼》："不辞费。"指啰唆。

【翻译】

学者谈论的时候，应当是根据每个人的具体情况而指导他把时间用在那些切实的地方，不必啰唆。要使他知道自己所应该努力的方向，以进入平坦轻松、明了的境地，这样才行。如果是漫无头绪，叫人自己急切地去追寻，恐怕正滋长了学习之人的毛病。

一五一　师友之功，但能示之于始，而正之于终尔。若中间三十分工夫，^①自用吃力去做。既有以喻之于始，又自勉之于中。又其后得人商量是正之，^②则所益厚矣。不尔，则亦何补于事？

【注释】

①三十分：极言其多。

②是正：订正、校正。

【翻译】

老师朋友的作用，只是教导启发（你）如何开始，并一直纠正督促（你）坚持到最后。至于这中间要花费的许多心血和精力，只能由（你）自己下力气去做。如果老师朋友让（你）明白了应该如何开始，（你自己）又能尽力于其中，最后还有人和（你）商讨并纠正（学习过程中的错误），那你受到的教益就已经够多了。如果不这样，（老师朋友）对于你又能起到什么作用呢？

一五二　或论人之资质，或长于此而短于彼。曰："只要长善救失。"① 或曰："长善救失，不特教者当如此，人自为学亦当如此?"曰："然。"

【注释】

① 《礼记·学记》："教也者，长善而救其失者也。"

【翻译】

有人谈论到人的资质，说有的人善长做这件事，却拙于去做那件事。（先生）说："那就增长自己的长处，弥补自己的短处。"又有人说："增长自己的长处，弥补自己的短处，不仅教育别人是这样，自己治学也应当这样吗?"（先生）说："是这样。"

一五三　凡言"诚""实"，① 都是合当做底事。不是说道"诚""实"好了，方去做；不"诚""实"不好了，方不做，自是合当"诚""实"。

【注释】

①按：这里的"诚""实"不是现代汉语中的"诚实"，而是两个词。宋代理学家从儒家经典中特地提出此二字，而加以发挥。如《中庸》："诚者，天之道也；诚之者，人之道也。诚者，不勉而中，不思而得，从容中道，圣人也；诚之者，择善而固执之者也。"《孟子·离娄上》："孟子曰：'仁之实，事亲是也；义之实，从兄是也；智之实，知斯二者弗去是也；礼之实，节文斯二者是也；乐之实，乐斯二者，乐则生矣，生则恶可已也，恶可已，则不知足之蹈之，手之舞之。'"

【翻译】

（我们）但凡说要"诚"要"实"，都是说这是应当做的事。不是说"诚"或"实"会给自己带来好处，才去做；不"诚"或不"实"不能给自己带来好处，才不去做，只是理所应当要"诚"或"实"。

一五四　言"必忠信"，①言自合着忠信，何待安排？②有心去要恁地，便不是活，③便不能久矣。若如此，便是剩了一个字在信见边，④自是着不得。⑤如事亲必于孝，事长必于弟，⑥孝弟自是道理合当如此，何须安一个"必"

字在心头，念念要恁地做？如此，便自辛苦，如何得会长久？又如"集义"久，⑦然后浩然之气自生。若着一个"意"在这里等待气生，便为害。今日集得许多，又等待气生，却是私意了。⑧"必有事焉而勿正"，⑨正，便是期必也。为学者须从穷理上做工夫。若物格、知至，则意自诚；⑩意诚，则道理合做底事自然行将去，自无下面许多病痛也。"扩然而大公，物来而顺应。"⑪

【注释】

①《礼记·大学》："是故君子有大道，必忠信以得之，骄泰以失之。"

②安排：谓施以心思人力。与纯任自然、不加干预相对而言。

③活：疑"话"字之误。

④便是剩了一个字在信见边：朱熹的意思是说不应当说"必忠信"，因为"忠信"是一个人本来就应当做的，而不是外部要求自己做的。何况"忠"的意思是"发己自尽"（见注释①）——竭尽自己的心意自发地去做，既然这样，又何须要个"必"字？如果要"必"字，那"忠"的意思不就是多余了吗？

⑤着：安置。

⑥"事亲必于孝""事长必于弟"：按：《孝经》："子曰：'君子之事亲孝，故忠可移于君；事兄悌，故顺可移

于长。'"

⑦集义：语见《孟子·公孙丑上》："曰：'我知言，我善养吾浩然之气。''敢问何谓浩然之气？'曰：'难言也。其为气也，至大至刚，以直养而无害，则塞于天地之间。其为气也，配义与道；无是，馁也。是集义所生者，非义袭而取之也。'"朱熹《四书章句集注》："集义，犹言积善，盖欲事事皆合于义也。"

⑧私意：理学家常用的一个术语，和"天理"相对。《论语·子罕》："子绝四：毋意、毋必、毋固、毋我。"朱熹《四书章句集注》："意，私意也。""必，期必也。"又"四者相为终始，起于意，遂于必，留于固，而成于我也。盖'意''必'常在事前，'固''我'常在事后。至于'我'又生'意'，则物欲牵引，循环不穷矣。"

⑨《孟子·公孙丑上》："必有事焉而勿正，心勿忘，勿助长也。"朱熹《四书章句集注》："'必有事焉'，有所事也，如'有事于颛臾'之'有事'。正，预期也。"

⑩《礼记·大学》："物格而后知至，知至而后意诚，意诚而后心正，心正而后身修，身修而后家齐，家齐而后国治，国治而后天下平。"

⑪朱子编《近思录》卷二引程颢语："夫天地之常，以其心普万物而无心；圣人之常，以其情顺万事而无情。故君子之学，莫若扩然而大公，物来而顺应。"

【翻译】

（《大学》）说"（为人行事）一定要（符合）忠信（的准则）"，是说（一个人为人处事）本来就应当符合忠信（的准则），何必（还要去）费尽心思？（如果一个人为人处事还要）存心（去想要）那样去做，就不像话了，就不能长久。如果是那样，那么就多了一个字在"信"那句了，自然不能有。又如侍奉父母一定要孝顺，侍奉兄长一定要悌敬。"孝顺""悌敬"本来就是从道理上讲应当这样做的，又何必再加上一个"必"字在自己心上，念念不忘地提醒自己去那样做呢？如果这样，也（未免）太辛苦了，又如何能长久保持？又比如（一个人）汇集义久了，身上的浩然之气就自然而然地产生了，如果有一个"特意"的念头在心里等待气的产生，就会成为阻碍。（一天到晚，老想着）今天汇集了多少气，（明天又汇集了多少气，）（天天）等待着浩然之气的产生，就成了私意了。《孟子》上说"不要做什么事情，都想着一定（要达到什么目的）"。（这里的）"正"，就是一定（要达到什么）的意思。研究学问的人，一定要多在穷尽天下事理上多下工夫。比如（《大学》说如果一个人能做到）穷尽事理，抉发内心，那么（他的）意念自然真诚。意念真诚，那么符合天道人理的事，他就会自然而然地做下去，自然也就不会由此产生许多弊病。（程先生说：）"（君子的学问，应该）广阔公正，无论什么事物到来，都能顺应。"

一五五　切须去了外慕之心。①

【注释】

①外慕：按：此句语境费解，"外慕"一词至少可以有两种理解，一是说自己要静得下心，不要羡慕外面的浮华；一是说读书务在闻道，而不是博取世俗的称誉，也就是说不是为了让外人羡慕。宋陆九渊《象山语录》卷三："今人读书平易处不理会，有可以起人羡慕者则着力研究，古先圣人何尝有起人羡慕者？"亦即此意。姑取后说。可参本卷一五七。

【翻译】

（学者）要务必去除让外人羡慕的心思。

一五六　有一分心向里，得一分力；有两分心向里，得两分力。

【翻译】

有一分向内（反省）之心，就会得到一分助力，有两分向内（反省）之心，就会得到两分助力。

一五七　须是要打叠得尽，方有进。①

【注释】

①按：《朱子语类》卷一百十八《训门人》："学者博学、审问、慎思、明辨等多有事在。然初学且须先打叠去杂思虑，作得基址，方可下手。"又，此可与卷下一五互参。

【翻译】

应该（把各种世俗的杂念）都收拾起来，才能有长进。

一五八　看得道理熟后，只除了这道理是真实法外，①见世间万事：颠倒迷妄，耽嗜恋着，②无一不是戏剧，③真不堪着眼也。又答人书云："世间万事，须臾变灭，皆不足置胸中，惟有穷理修身，为究竟法耳。"④

【注释】

①真实：按：此以佛典喻。"真实"在佛典中有二义：一为教法上的分类用语，与"方便权假"对称。天台判教以藏、通、别三教为方便之教，而以圆教为真实之教。二为实修上所用，与"虚假不实"对称。身口各异，言念无实，称为虚伪。若表里如一，更无虚妄，则为真实。这里指后者。

②颠倒：指违背常道、正理。迷妄：暗于事理者，

称作迷；虚而无实者，称作妄。耽嗜：指沉溺贪嗜。恋着：指恋慕于可称意之外境，而执着不肯舍离。

③戏剧：游戏。

④"世间万事"句：语见朱熹《晦庵集》别集卷三《冯仪之》。究竟法：形容至高无上之境界，或对事物彻底极尽之意。这里指至高无上的法则。

【翻译】

先生说："把道理勘透后，（自己眼里）除了这道理是真实的法则外，再看世间万事万物：或是非颠倒，或迷幻虚妄，或沉溺嗜欲，或贪恋偏执，没有一个不是儿戏，简直不堪入目。"又在回复别人的信中说："世间万物，不过转瞬之间就变幻破灭了，都不足以留存于胸中，只有穷尽事理、修养自身，才是至高无上的法则。"

一五九　大凡人只合讲明道理而谨守之，以无愧于天之所与者。若乃身外荣辱休戚，当一切听命而已。

【翻译】

大凡一个人只应该去讲求明白道理，然后恭谨地坚守它，以无愧于上天所赋予自己的一切。至于身外的荣誉羞辱、喜乐悲伤，当一切听从天命罢了。

一六〇　因说索面，曰："今人于饮食动使之物，日极其精巧。到得义理，却不理会，渐渐昏蔽了都不知。"

【翻译】

（先生正好）要了一碗面，于是说："现在的人对于饮食和使用的东西，一天比一天精致工巧。到了义理，却不去理解体会，（脑子）逐渐昏聩被蒙蔽了都不知道。"

朱子读书法译注

卷中

读书法上

一　读书乃学者第二事。^①

【注释】

①第二：第二位的、非主要的、次要的。按：徽州本后有注："以下论书所以明此心之理，读之要切记受用。"按：朱熹以为学者应当把自己的理解、践行放在第一位，思有不得，行有不得，再反求诸书。《朱子语类》卷九《学三》："只有两件事：理会、践行。"又："学者以玩索、践履为先。"

【翻译】

读书是学者第二位的事情。

二　读书已是第二义。盖人生道理合下完具，^①所以要读书者，盖是未曾经历见许多。圣人是经历见得许多，所以写在册上与人看，而今读书，只是要见得许多道理。

及理会得了，又皆是自家合下元有底，不是外面旋添得来。②

【注释】

①合下：理当。完具：完整、完备。

②旋：现、临时。

【翻译】

读书已经是（学者）第二位的事情了。因为人的一生，理当圆满，之所以要读书，是因为自己还有很多未曾经历的事情。圣人（比一般人）经历得要多，所以（他们把自己的经历）写在书上给大家看，（我们）现在读书，就是要明白这里面的许多道理。（一个人如果）真正明白了上面的道理，就会觉得（圣人所说的道理仿佛）就是自己的看法，而不是外面的人临时强加给自己的。

三　学问就自家身己上切要处理会方是，那读书底已是第二义。自家身上道理都具，不曾外面添得来。然圣人教人须要读这书时，盖为自家虽有这道理，须是经历过，方得。圣人说底，是它曾经历过来。

【翻译】

学问应该首先要自己切切实实地体会经历遍才行，那光靠读书获得，已经是第二位的了。一个道理，自己身上都具备，不是外面的人强加进来的。圣人教导大家要读这个书，就是（告诉大家）自己虽然明白这个道理，也要（大家）经历遍才行。圣人说的（道理），都是他们自己经历过的。

四　学问，无贤愚、无小大、无贵贱，自是人合理会底事。且如圣贤不生，无许多书册，无许多发明，不成不去理会？①也只当理会！今有圣贤言语，有许多文字，却不去做。师友只是发明得，人若不自向前，师友如何着得力？②

【注释】

①不成：难道。

②着得力：犹言助力。

【翻译】

（对于）学问，无论你聪明，还是愚笨；无论你年纪小，还是年纪大；无论你地位高贵，还是地位卑贱；都是自己应该理解体会的事。假如圣贤没有出生，或者没有那许多记载知识的典籍，没有（历朝历代许多学者的）阐述发明，难道你自己就不去理解体会了吗？也只有靠自己去理解体会。现在有圣贤留下的许多话语，又有（前代学者留下的）诸多典籍，自己却不愿意去做。老师也好，朋友也好，只是阐述指明（某一方面的道理）。一个人如果自己不愿意进步，老师朋友怎么帮助你？

五　为学之道，圣贤教人说得甚分晓。[①]大抵学者读书，务要穷究。"道问学"是大事，[②]要识得道理去做人。大凡看书，要看了又看，逐段、逐句、逐字理会，仍参诸解传，说教通透，使道理与自家心相肯，[③]方得。读书要自家道理浃洽透彻。杜元凯云："优而柔之，使自得之；厌而饫之，使自趋之；若江海之浸，膏泽之润，涣然冰释，怡然理顺，然后为得也。"[④]

【注释】

①分晓：清楚，明白。

②《礼记·中庸》："故君子尊德性而道问学，致广大而尽精微。"

③肯：愿意。

④杜元凯：杜预，晋人，《晋书》卷三十四有传。曾注《左传》。引文今见《春秋左传序》。按：陆九渊《象山语录》卷三云："读书之法须是平平淡淡去看，仔细玩味，不可草草。所谓优而柔之，厌而饫之，自然有涣然冰释，怡然理顺底道理。"朱熹似本陆说。

【翻译】

研究学问的方法，圣贤教导人已说得很清楚。大抵学者读书，一定要穷尽地去探究。"通过学习来进行引导"是最重要的事，要明白了道理再去做人。大凡看书，要看了又看，逐段、逐句、逐字去理解领会，还要参考前人的注释，把前人的说法能理解通畅透彻，让别人说的道理和自己的内心想法相吻合才行。读书一定要让自己的看法周延透彻。杜预说："（读书的时候，要）悠闲地、不慌不忙地钻研，要让读者自己得到义理。就像吃饱吃美了的人，下次自然会再来吃一样；要让（义理）像江河水浸润过，油脂滋润过一样，要像寒冰自然开解一样顺畅，这样才是真正的学习收获。"

六　今读书紧要，是要看圣人教人做工夫处是如何。如用药治病，须看这病是如何发，[1]合用何方治之，方中使何药材，何者几两，何者几分，如何炮，[2]如何炙，[3]如何制，如何切，如何煎，[4]如何吃，只如此而已。

【注释】

①发：发作，产生。

②炮：中药制法的一种。把生药放在热铁锅里炒，使它焦黄爆裂。

③炙：中药制法之一。把药材和液汁辅料同炒，使辅料渗入药材之内。

④煎：熬、煮。

【翻译】

现在读书最重要的，是看圣人教导我们怎样下工夫。就像用药治病一样，要了解这个病是如何产生的，应该用什么方子治疗它，方子中要用哪些药材，这些药材要用几两，要用几分，怎样去炮，怎样去炙，怎样去做，怎样去切，怎样去煎，怎样吃，只不过这样罢了。

七　读书以观圣贤之意，因圣贤之意，以观自然之理。

【翻译】

（通过）读书来观察了解圣贤的意思，再通过圣贤的意思，去观察了解自然万物的道理。

八　做好，将圣人书读，①见得它意思如当面说话相似。②

【注释】

①将：带。

②按：此条当与卷下三三互参。

【翻译】

理解正确了，拿圣贤书来读，看到书中的意思，就好像是圣人在和自己当面交谈一样。

九　圣贤之言，须常将来眼头过，^①口头转，心头运。^②

【注释】

①将来：携带。

②运：运行，犹言思考。

【翻译】

圣贤的话，要经常让它在（自己）眼前经过，嘴边挂着，心中思索。

一〇　开卷便有与圣贤不相似处，^①岂可不自鞭策！

【注释】

①开卷：犹言翻开书。唐及唐以前的文字多写在竹简、绢帛等上，然后卷叠起来。所以打开书，就叫开卷。

【翻译】

打开书卷就能发现（自己）和圣贤（言行）有不相同的地方，难道还能不鞭策激励自己？

一一　圣人言语一重又一重，^①须入深去看，若只要皮肤，^②便有差错。须深沉，方有得。

①一重又一重：犹言一层又一层。

②皮肤：犹皮毛。借指外部，表面。《文子·道德》："故上学以神听，中学以心听，下学以耳听。以耳听者，学在皮肤；以心听者，学在肌肉；以神听者，学在骨髓。"按：此意又见《朱子语类》卷一百十四《训门人》。

【翻译】

圣人的言语（意蕴深厚），一层又一层的。因此，我们应该深入地去看，如果只是停留在皮毛上，就会产生差错。只有深入，才能有收获。

一二　人看文字，只看得一重，更不去讨它第二重。

【翻译】

一般人看文字，只看（表面的）一层，更不去研讨它的第二层。

一三　读书须是看着它那缝罅处，方寻得道理透彻。①若不见缝罅，无由入得。看见缝罅时，脉络自开。

【注释】

①按：此即今人所谓读书得间之意。

【翻译】

读书要能看到书中文字有缝隙的地方，这样才能把道理理解得更透彻。如果看不见（书中文字的）的缝隙，就无法深入其中。看得见（书中文字的）缝隙的时候，（书中文字的）脉络自然就能洞开。

一四　文字大节目痛理会三五处，[①]后当迎刃而解。学者所患在于轻浮，不沉着痛快。

【注释】

①大节目：犹言重要的环节。三五处：极言其少。

【翻译】

文字中最重要的环节能深入理解领会几处，后面的就自然迎刃而解了。学者的弊病在于轻薄浮泛，不能潜心深入其中。

一五　学者初看文字，只见得个浑沦物事，[①]久久看作三两片，以至于十数片，方是长进。如庖丁解牛，目视无全牛是也。[②]

【注释】

①浑沦：犹言混沌。物事：东西。

②见《庄子·养生主》。

【翻译】

初学者刚开始看书的时候，看见的只是一个混沌的东西，看久了，（以前看起来混沌的东西）会逐渐变成两三部分，以至十几部分，这就是（有了）长进。好比庖丁解牛，（最后）眼睛里看到的不是完整的牛（而是牛的内部构造）一样。

一六　读书，须是穷究道理彻底，如人之食，嚼得烂，方可咽下，然后有补。

【翻译】

读书，应该穷尽彻底地探究道理。好比一个人吃饭，嚼烂了，才能咽下，这样才能（对身体）有益处。

一七　看文字，须逐字看得无去处。①譬如前后门塞定，更去不得，方始是。

【注释】

①看得无去处：看得它没有逃跑的地方。也即语无剩义，看透的意思。

【翻译】

读书的时候，要逐字去看，要看得（它）仿佛没有能藏身的地方一样。好比把房子的前后门堵住，让（它）

没有其他地方可去，这才行。

一八　关了门，闭了户，把断了四路头，^①此正读书时也。

【注释】

①把断：把守、截断。四路头：四处。头，词尾，无义。按：此喻不让书中的意思从自己眼前逃走。

【翻译】

把大门关上，把窗户闭好，把守住四处的路口，（让它没有逃跑的地方，）这才是读书的样子。

译者按：此当承上节而言。

一九　学者只知观书，都不知有四边，方始有味。

【翻译】

学者只管读书，都不知道四周（发生的事情），这才是读出了味道。

译者按：《朱子语类》卷一百十六："因诲郭兄云：'读书者当将此身葬在此书中，行住坐卧，念念在此，誓以必晓彻为期，看外面有甚事，我也不管，只恁一心在书上，方谓之善读书。若但欲来人面前说得去，不求自熟，如此济得甚事？须是着起精神，字字与他看过。不惟念得正文注字，要自家暗地以俗语解得方是。如今自家精神都不曾与书相入，念本文注字犹记不得，如何晓得？'"可与此互参。

二〇　"学者读书，须是于无味处当致思焉。[①]至于群疑并兴，寝食俱废，乃能骤进。"[②]因叹："骤进二字，最下得好，须是如此。若进得些子，或进或退，若存若亡，不济事。如用兵相杀，争得些儿小可一二十里地，也不济事。须大杀一番，方是善胜。为学之要，亦是如此。"

【注释】

①致思：谓集中心思于某一方面。

②按：此句宋真德秀《西山读书记》卷二十五引作："西山李氏曰：'学者读书，须是于无味处当致思焉。至于群疑并兴，寝食俱废，乃能骤进。'朱子曰：'骤进二字最下得好，须是如此。若进得些子，或进或退，若存若亡，不济事。如用兵相战争，得些儿小子一二十里地，也不济事。须大捷一番，方是善胜。为学之要，亦是如此。'""西山李氏"指李郁。李郁字光祖，光泽人。元祐党人朝散郎深之子，后从杨时学，杨奇之，妻以第三女，学者称"西山先生"。见《闽中理学渊源考》卷六。

【翻译】

（西山先生曾说：）"学者读书，应该在（看似）乏味的地方能集中自己的思虑。直到各种困惑都出现，睡觉吃饭都忘了，才能突飞猛进。"（先生）接着感叹说："骤进二字，说得真贴切，就应该这样。如果有一点收获，或者一会儿有点长进，一会儿又退步了，或者一会儿有点收获，一会儿又忘了，都没有用。好比（两军）打仗互相厮杀，争夺到一二十里点儿的土地，也不管事。须是痛痛快快厮杀一番，才是善于打仗。治学最重要的，也是这样。"

二一　看文字，须大段着精彩看。①耸起精神，竖起筋骨，②不要困，如有刀剑在后一般。就一段中，须要透。击其首，则尾应；击其尾，则首应，③方始是。不可按册子便在，掩了册子便忘却。看注时，便忘了正文；看正文，又忘了注。须这一段透了，方看后板。④

【注释】

①大段：程度副词，极言其深。精彩：精神。

②按：这里比喻全神贯注。

③按：五代马缟《中华古今注》卷上《阵》："阵者，胜拒敌也。类常山之率然。击其首，则尾应；击其尾，则首应；击其中，则首尾俱应。率然者，常山之长蛇也。"

此取以为喻。

④板：这里指板片。宋时雕版印刷开始盛行。后板，犹言后页。

【翻译】

读书，应该下大精力去看。要打起精神，耸起筋骨，不要犯困，要像刀剑（顶着）自己后面一样。（具体到）一段文字中，要读透彻。（好比常山的蛇，）敲打着它的脑袋，它的尾巴就相应地动起来；敲打着它的尾巴，它的脑袋就相应地动起来，这样才行。不能打开书的时候，都知道；闭上书的时候，就都忘记了。看注释的时候，就忘记了正文；看正文的时候，又忘记了注释。要把这一段读透彻了，才去看后面（的文字）。

二二　看文字须要入在里面猛滚一番，要透彻，方能得脱离。若只略略地看过，恐终久不能得脱离，此心又自不能放下也。

【翻译】

读书的时候，应当深入到书中浸淫一番，要透彻，这样才能（最后）脱离书本。如果只是粗泛地看下，恐怕最后还是不能离开书本，自己也不能对书中所说的义理放心。

二三　人言读书当从容玩味，^①此乃自怠之一说。若是读此书未晓道理，虽不可急迫，亦不放下，犹可也。若徜徉终日，谓之从容，却无做工夫处，譬之煎药，须是以大火煎滚，然后以慢火养之，却不妨。

【注释】

①从容：悠闲舒缓，不慌不忙。按：这里的从容玩味，是指彻底不管不顾。

【翻译】

有人说读书应当从容不迫、不慌不忙地去体味，这是自我懈怠的一种说法。如果（我们）读一本书，（一时）不明白其中的道理，虽不着急，却也不放下，还是可以。如果整天搁置不管，说这就是从容，（根本）没有下工夫的时候，（这怎么行呢？）好比煎药，要（先）用大火烧开，再小火熬煮，这还差不多。

二四　须是一捧一条痕，一掴一掌血。^①看人文字要当如此，岂可忽略？

【注释】

①掴：用巴掌使劲拍打。

【翻译】

应该像一棒子打下去就是一条棒痕，一巴掌打下去就是一条血手印（才行）。看别人（书上的）文字就应该这样，怎么能忽略呢？

二五　看文字须是如猛将用兵，①直是鏖战一阵。②如酷吏治狱，直是推勘到底，决是不恕他，方得。

【注释】

①用兵：带兵。

②鏖（áo）战：激战、苦战。

【翻译】

读书，就应当像猛将带兵，要痛痛快快地苦战一番。又要像冷酷的法官审理案件一样，一直推查勘验到底，一点也不宽恕它，才行。

二六　看文字，正如酷吏之用法深刻，①都没人情，直要做到底。若只恁地等闲看过了，有甚滋味？大凡文字有未晓处，须下死工夫，直要见得道理是自家底，方住。

【注释】

①酷吏：本指不推行德政感化措施，纯任法律的"武健严酷"的官吏。西汉司马迁《史记》曾立《酷吏列传》。又《朱子语类》卷一百四《自论为学工夫》："某尝

说看文字须似法家深刻，方穷究得尽，某直是下得工夫。"

【翻译】

读书，正如冷酷的法官苛刻地依照法律来断案一样，要一点情面都不讲，一直细细追查到底。如果只是漫不经心地读过去，能有什么滋味？大凡（遇到书中）文字不明白的地方，要下死工夫，一直要看到（书中讲的）道理仿佛就像是自己（说的一样），才能停下来。

二七　看文字如捉贼，须知道盗发处。自一文以上赃罪情节，都要勘出。若只描摸个大纲，纵使知道此人是贼，却不知何处做贼。

【翻译】

读书要像捉小偷一样，要知道他案发的现场在哪里。（哪怕是）一文钱以上的偷盗情节，都要查验出来。如果只是描摹出个大概轮廓，那么即使知道这个人是小偷，却不知道他在哪里偷的。（这怎么行？）

二八　看文字当如高帆大舵，①顺风张帆，一日千里，方得。如今只才离小港，便着浅了，②济甚事？文字不通如此看。

①高舣：大船。一本作"高舣"，恐非。舣：使船靠岸。《广韵·纸韵》："舣，整舟向岸。"与此文义不合。艑：吴地一种能装六七百人的大船。唐慧琳《一切经音义》卷九十引杨承庆《字统》："吴船曰艑，晋船曰舶。长二十丈，载六七百人是也。"

②着浅：搁浅。

【翻译】

读书，要像舣艑那种高大的船只一样，顺着风鼓起帆，一日前行上千里，才可以。（像）现在，才离开小港，就搁浅了，能起什么作用？文字不该这样看。

二九　读书看义理，须是胸次放开，磊落明快，①恁地去。第一不可先责效。②才责效，便有忧愁底意。只管如此，胸中便结聚一饼子不散。今且放置闲事，不要闲思量。只专心去玩味义理，便会心精；心精，便会熟。

【注释】

①磊落：明亮貌。

②第一：最重要。

【翻译】

读书看义理的时候，应该把心胸放开阔，一直明白畅快地（那样读）下去。最重要的是不要先去追求成效。

只要一想着成效，就会有忧愁烦恼的心思。这个样子，胸中就会（天天想着收获，）（烦恼）聚集凝结成一块排遣不开。（不如暂且）先把闲事放在一边，不去想那些（和书本）无关的事。只专心去寻味（书中）的义理，自然就会用心专精。用心专精了，就熟悉了。

三〇　读书放宽着心，道理自会出来。若忧愁迫切，道理终无缘得出来。

【翻译】

读书（的时候）放宽心，道理自己就出来了。如果（成天）忧愁急切，道理最终就没有机会出来了。

三一　读书，须是知贯通处，东边西边都触着这关捩子，^①方得。只认下着头去做，^②莫要思前算后，自有至处。而今说已前不曾做得，又怕迟晚，又怕做不及，又怕那个难，又怕性格迟钝，又怕记不起，都是闲说。^③只认下着头去做，莫问迟速，少间自有至处。既是已前不曾做得，今便用下工夫去补填。莫要瞻前顾后，思量东西。少间，耽阁一生，不知年岁之老。

【注释】

①关捩子：开关。子，语尾，无义。

②只认：只管。下：低。

③闲说：托辞。

【翻译】

读书，要知道（书中）贯通的地方。好比东边西边都能碰到这个开关的地方，才行。只管埋着头去做，不要思前想后，自然会有达到目的的时候。而现在（不少人）说自己以前没有做过，又怕晚了，又怕来不及，又怕（读的）那个（书）太难，又怕自己性子迟缓愚笨，又怕（自己）记不住，都是借口。只管埋着头去做，不要管快慢，过不了多久，自然就有明白的时候。既然是自己以前没做过，现在就要下工夫去弥补。不要瞻前顾后，想这想那。很快就耽误了自己的一生，不知不觉（自己）就老了。

三二　天下书尽多在，①只恁地读，几时得了？须大段用着工夫，②无一件是合少得底。而今只是那一般合看过底文字也未看，何况其他？

【注释】

①在：助词。表示行为动作的持续或情况的存在。

②大段：程度副词，很、深。

【翻译】

天下书那么多，只管（这样慢腾腾地去）读，什么时候才能读得完?(因此)必须要下大的精力,(该读的书)一本也不能少。现在(很多人)就是那普通的、应该的书都没看,何况其他书?

三三　读书,须是遍布周满。①某尝以为宁详毋略,宁下毋高,宁拙毋巧,宁近毋远。②

【注释】

①遍布周满:周遍圆满。比喻考虑周到、全面。

②按:此意《朱子语类》卷一百十六《训门人》又作:"宁详毋略,宁近毋远,宁下毋高,宁拙毋巧。"

【翻译】

读书,应该考虑周到、全面。我经常说:(读的时候,)宁可详细,不要简略;宁可浅显,不要高深;宁可(把自己看得)笨拙,不要想着投机取巧;宁可切近笃实,不要虚无缥缈,不着边际。

三四　读书之法,先要熟读。须是正看、背看、左看、右看。看得是了,未可便说道是,更须反复玩味。

【翻译】

读书的方法,首先就是要读熟。要看完(书的)正面,又看反面;看完左边,再看右边。看完后,认为它说得对，不要轻易说对，还要翻过来覆过去，详细寻味。

三五　少看熟读，反复体验，不必想象计获。只此三事，守之有常。

【翻译】

（每次）少看点，（但要）读熟；要反复体会验证；不要先去预想有多少收获。就这三件事，要（把它）作为（自己学习时，经常奉行的）准则来遵守。

三六　大凡看文字：少看熟读，一也；不要钻研立说，但要反复体验，二也；埋头理会，不要求效，三也。三者，学者当守此。

【翻译】

大凡（一个人）读书：要少看点，读熟，这是第一点；不要（急于）钻牛角尖提出（自己）的观点，但是要反复去体味验证，这是第二点；（只管）埋头去理解体会（书中的意思），不要贪图迅速见成效，这是第三点。这三点，学者应当谨守这些。

三七　书宜少看，要极熟。小儿读书记得，大人多记不得者，只为小儿心专。一日授一百字，则只是一百字；二百字，则只是二百字。大人一日或看百板，^①不恁精专。人多看一分之十，^②今宜看十分之一，宽着期限，紧着课程。

【注释】

①百板：宋代通行雕版印刷，大抵今人一页书，古人就要一块板片。百板：犹言百页。这里极言其多。

②一分之十：这里是比喻一个人能记住一份书的内容，却要去贪多务得看十份书。

【翻译】

书应该少看点，但要读得特别熟悉，小孩子读书（之所以）记得，成人大多记不得的原因，就是（因为）小孩子专心。一天教给（他）一百个字，（他）就只是（认）这一百个字；（一天教给他）二百个字，（他）就只是（认）这二百个字。成人一天有的看上百页，就不如（小孩子）那么专精。一个人（与其）只能看一份的却要去看十份的量的书，不如现在能看十份却只看一份的量的书，（宁可）放宽点自己（读书时间的）期限，但要抓紧（完成）自己（每天定下的）学习任务。

三八　读书，只逐段逐些子细理会。小儿读书所以记得，是渠不识后面字，^①只专读一进耳。^②今人读书，只滚滚读去。假饶读得十遍，^③是读得十遍不曾理会得底书耳。"得寸，则王之寸也；得尺，则王之尺也。"④读书当如此。

【注释】

①渠：他。

②专读一进耳：按：此句语意费解。似是专心阅读，上进一番之意。

③假饶：即使。

④见《战国策·秦策三》。这里用来说明读书要仔细，只有经过自己仔细领会过的文字，才是属于自己的。

【翻译】

读书，只应该一段一段、一点一点地仔细理解体会。小孩子之所以记得，是因为他不认识后面的字，只是专心阅读，一个劲儿地前进。现在的人读书，只管笼统含混地读过去。（这样）即使读了十遍，也是读了十遍自己没有理解的书罢了。（就像《战国策》说的那样，）"得到一寸土地，那就是属于大王您自己的一寸土地；得到一尺土地，那就是属于大王您自己的一尺土地。"读书就应该这样。

三九 读书小作课程，大施功力。如会读得二百字，只读得一百字，却于百字中猛施工夫，理会子细，读诵教熟，如此不会记性人自记得，①无识性人亦理会得。②若泛泛然念多，③只是皆无益耳。读书不可以兼看未读者，却当兼看已读者。

【注释】

①记性：记忆力。

②识性：理解力。

③念：佛教语。法相宗别境之一。指记忆。

【翻译】

读书，可以少制定点（学习）内容，（但一定要）痛下工夫。如（自己一天）能读二百字（的内容），就只去读一百字（的内容），却在这一百字中好好下工夫，仔细理解领会，朗读记诵熟练，这样没有记性的人也自然会记得，没有理解能力的人也理解领会得了。如果只是肤泛地去记诵很多（内容），也是无益罢了。读书（的时候，）不可以同时去看没有读过的（其他内容），却应当同时看那些已经学习过（的内容）。

四〇　读书不可贪多，且要精熟。如今日看得一板，且看半板，将那精力来更看前半板，两边如此，方看得熟。直须看得古人意思出，方好。

【翻译】

读书不可一味贪图多，要读精读熟。比如今天能看完一页书，（现在）就只看半页，把那剩余的精力用来看前面（学过的）半页，前后都这样做，才能看得熟。一直到把古人的意思看出来，才好。

四一　读书不要贪多。向见州郡纳税，数万钞总作一结，①忽错其数，更无推寻处。其后有一某官乃立法，三二十钞作一结，观此则读书之法可见。

【注释】

①钞：纸币名。

【翻译】

读书不要贪图多。（我）以前曾经看见州府郡府收税，数万锭钞才汇总在一起结算，一旦弄错了数目，就再也无法推求寻找（造成错误的）地方了。后来有一个官员想了一个方法，二三十锭钞就做一次结算，从这个事情上就能明白读书的方法了。

四二　"读书不可贪多，常使自家力量有余。"正淳云："欲将诸书循环看。"①曰："不可如此。须看得一书彻了，方再看一书。若杂然并进，却反为所困。如射弓，有五斗力，且用四斗弓，便可挽满，己力欺得它过。今学者不忖自己力量去观书，恐自家照管他不过。"

【注释】

①正淳：万人杰。字正淳，江西兴国人。

【翻译】

（先生说：）"读书不可贪图多，要经常让自己的精力保持富余。"正淳说："（我）想把各种书一遍又一遍地轮着看。"（先生）说："不能那样。应该是看透彻了一本书，再去看另一本书。如果笼统的、庞杂不精地把各种书一起拿来看，恐怕反而会使自己困惑。好比射箭，（自己）有五斗力，却只用四斗力的弓，这样就能拽满，（这是因为）自己的力量就能胜任得了拉弓的力量。现在的学者不考虑自己的力量就去看书，恐怕到时照顾它们不过来。"

四三　"读书，只恁逐段子细看，积累去，则一生读多少书？若务贪多，则反不曾读得。"又曰："须是紧着工夫，不可悠悠，又不须忙。只常抖擞得此心醒，则看愈有力。"

【翻译】

（先生说：）"读书，只管逐段逐段仔细地去看，日积月累，那么一生能看多少书啊？如果一味贪多务得，那么（很多书）反而不像读过。"（先生）又说："应该抓紧时间，不能不慌不忙，但也不要太着急。只要振作起精神，让自己保持清醒，那么就会觉得越读越有精力。"

四四　不可都要滚去。①如人一日只吃得三碗饭，不可将十数日饭都一齐吃了。一日只看得几段，做得多少工夫？亦有限。不可滚去都要了。

【注释】

①滚：本来是大水涌流的样子。这里形容囫囵吞枣，为了一味贪图进度，一股脑儿地胡乱读。

【翻译】

（读书的时候，）不能一股脑儿地读过去。好比一个人一天只能吃得下三碗饭，（就只吃三碗饭，）不能将十几天的饭都一齐吃了。一天即使多看了几段，又能增加多少知识？恐怕所得也很有限。（因此）不能一股脑儿地读过去。

译者按：朱熹的意思是读书要有计划，要根据自己的能力确定每天的学习任务，不能一味贪多。

四五　读书，只看一个册子，①每日只读一段，方始是自家底。若看此又看彼，虽从眼边过得一遍，终是不熟。

【注释】

①册子：篇幅短小的书。

【翻译】

读书，（不妨）先从一个小册子看起，每天只看其中的一小段，这样才能保证它是属于自己的。如果看了这本又看那本，即使（书中内容）从自己眼前过了一遍，终究还是不熟悉。

四六　今人读书，看未到这里，心已在后面；才看到这里，便欲舍去了。如此只是不求自家晓解。须是徘徊顾恋，①如不欲去，方会认得。②

【注释】

①徘徊顾恋：犹依依不舍，指进行回味。

②按：徽州本此条与卷中八二条合作一条。又《朱子语类》卷一百四《自论为学工夫》："读书须读到不忍舍处，方是见得真味。"可与此互参。

【翻译】

现在的人读书，眼睛还没看完这里，心思已经到了后面。才看完这里，就想丢开（看新的），这样就使自己无法（获得真正的）理解。（读完一本书，）应该回味留恋，好像不忍心丢开一样，这样才能真正理解。

四七　某最不要人摘撮。①看文字须是逐一段一句理会。

①某：自称，表示谦虚。摘撮：摘录、撮取。

【翻译】

我最不赞成人（看书时）摘抄节取（书中的文字），读书应该是整段整段、整句整句地去理解体会。

四八　读书是格物一事。^①今且须逐段子细玩味，反来覆去，或一日，或两日，只看一段，则这一段便是我底。脚踏这一段了，又看第二段。如此逐旋捱去，捱得多后，却见头头道理都到。这工夫须用行思坐想，或将已晓得者再三思省，却自有一个晓悟处出，不容安排也。书之句法、义理须只是如此解说，但一次看，有一次见识。所以某书，一番看，有一番改。亦有已说定，一番看，一番见得稳当，愈加分晓。故某说读书不贵多，只贵熟尔。然用工亦须是勇做近前去，莫思退转，始得。

【注释】

①格物：推究事物之理。《礼记·大学》："致知在格物，物格而后知至。"朱熹《四书集注》："格，至也。物犹事也。事物之理，欲其极处无不到也。"

【翻译】

读书是属于推究事理中的一件事。现在姑且一段一段地去仔细玩味，翻过来覆过去，或一天，或两天，只看（熟）一段，则这一段就是属于我自己的。落实了这一段，再去看第二段，如此逐段进行下去，读得多了后，（自然）就会（把书中的）每一处道理都看到了。自己要多下工夫，坐着也要冥想，走着也要思考。有时还要把已经明白懂得的知识再思考检查下，自然就明白了书中所说的义理是怎么得来的，不是人为要那样去说，书中的句法、义理只能那样去解释。所以我写的书，看完一次后，就要做一番修改。也有自己说法确定了后，看完一次，又发现一种更稳当的说法，（这时就）更加清楚了。所以我说读书不贵多，只贵熟而已。就是用功，也应该是努力从切近的方面开始，不要想着退回去，才行。

四九　"读书且就那一段本文意上看，不必又生枝节。看一段须反复看来看去，要十分烂熟，方见意味，方快活。令人都不爱去看别段，始得。人多是向前趱去，不曾向后反复。只要去看明日未读底，不曾去䌷绎前日已读底。①须玩味反复，始得。用力深，便见意味长；意味长，便受用牢固。"又曰："不可信口依稀略绰说过，②须是心晓。"

【注释】

①䌷绎（chōu yì）：引出端绪。引申为阐述。这里指

细心阅读。

②略绰：大略、含混。

【翻译】

（先生说：）"读书应该就那一段本文的意思上去看，不要横生枝节。看一段要反复看来看去，要（看得）滚瓜烂熟，才能明白书中的意味，才快活。要使自己都不爱去看（书中）其他的段落了，才行。现在的人都是爱向前赶，不爱回过头来看（已经学习过的内容）。只想去看明天没读过的内容，不去细细思考以前读过的（内容）。要反复寻味（学习过的内容），才行。用力深，才能明白（书中）深长的意味。意味长，才能受益牢固。"（先生）又说："不要随口含混读过，（就完事了。）要真得心里明白。"

五〇　"大凡读书，须是熟读。熟读了，自精熟。精熟后，理自见得。如吃果子一般，劈头方咬开，未见滋味，便吃了。须是细嚼教烂，则滋味自出，方始识得这个是甜是苦，是甘是辛，始为知味。"又云："园夫灌园，善灌之夫，随其蔬果，株株而灌之。少间，灌溉既足，则泥水相和，而物得其润，自然生长。不善灌者，忙急而治之，担一担之水，浇满园之蔬，人见其治园矣，而物未尝沾足也。"又云："读书之道，用力愈多，收功愈远。先难而后获，先事而后得，皆是此理。"又云："读书之法，须是用功去看。先一书费许多工夫，后则无许多矣。始初一书费十分工夫，后一书费八九分，后则费六七分，又后则费四五分矣。"

【翻译】

（先生说：）"大凡读书，应该熟读。读熟了，自然就精通理解了。精通理解后，（书中的）道理就自然呈现出来了。好比吃果子一样，一下就咬开，还没明白滋味，就吃下去了。（这怎么行呢？）应该细嚼慢咽，滋味自然就出来了，这样才能知道这个（果子的味道）是甜是苦，是甘是辣，这样才算知道了它的味道。"（先生）又说："园丁灌园，善于浇灌的，会根据蔬菜水果的情况，一株一株地浇灌。一会儿浇灌完了，泥土和水充分调和在一起，蔬果都得到滋润，自然能得到生长。不善于浇灌的，急急忙忙地灌园，担一担水，却去浇满园的蔬果，大家看见他在灌园，其实园里的蔬果并没有得到充分的灌溉。"（先生）又说："读书之道，是花得工夫越多，收到的功效就久远。先辛劳而后才有收获，先付出而后才会有所得，就是这个道理。"（先生）又说："读书之法，应该是用功去看。先看一本书也许要花费许多时间和精力，以后就不会用去许多时间和精力了。（好比）刚开始看一本书，要花费自己十分的精力，以后再看一本书就只需花费八九分的精力，再往后看一本书，就只需花费六七分的精力，最后只需花费四五分的精力了。"

五一　因说"进德居业"①"进"字、"居"字曰："今看文字未熟，所以鹘突，都只见成一片黑淬淬地，②须是只管看来看去，认来认去。今日看了，明日又看；早上看了，晚间又看；饭前看了，饭后又看；久之，自见得开，一个字都有一个大缝罅。③今常说见得，又岂是悬空见得？亦只是玩味之久，自见得。文字只是旧时文字，只是见得开，如织锦上用青丝，用红丝，用白丝，若见不得，只是一片皂布。④"

【注释】

①见《易·乾卦》。本意是说，君子应该增进自己的德行，成就自己的功业。

②黑淬淬（cuìcuì）：犹言黑糊糊。

③缝罅（xià）：缝隙。这里比喻以前无法读懂的句子，现在可以明白其中一个字一个字的意思了。

④皂：黑。

【翻译】

（先生）接着说"进德居业"中的"进"字、"居"字，他说："（你们）现在看文字没有看熟，所以就糊涂，只看见（书上）黑乎乎的一片，应该只管看过来看过去，辨别来辨别去。今天看了，明天又看；早上看了，晚上又看；饭前看了，饭后又看。时间一长，自然就豁然开朗。每个字都有一个大缝隙了。（我）现在经常（能把古书）说得明白，又岂是凭空明白的？也不过是玩味久了，自然就明白了。文字还是以前的文字，只是看明白了。好比织锦上用的青丝线，用的红丝线，用的白丝线，（都能看清了。）如果看不清，就是一块黑布。"

五二　读书须是专一。读这一句，且理会这一句；读这一章，且理会这一章。须是见得此一章彻了，方可看别章，未要思量别章别句，只是平心定气在这边看，亦不可用心思索太过，少间，却损了精神。前辈云："读书不可不敬。"① "敬"便精专，不走了这心。

【注释】

① 前辈：此指程颢、程颐。二程论学主敬，为朱熹所推重。《朱子语类》卷十二《学》："程先生所以有功于后学者，最是敬之一字有力。"

【翻译】

读书应该专一。读这一句时，就要理解领会这一句；读这一章时，就要理解领会这一章。要彻底明白了这一章，才去别的章节，不要（这一章还没看完，就去）思索别的章节别的句子，只是平心静气地看这里，但也不要过于用心思考，（免得）过不了多久就损耗了自己的精神。前辈说："读书不可不（怀着）敬畏之心。""敬畏"就是要精力专注，不分心走神。

五三　其始也，自谓百事能；其终也，一事不能。①

【注释】

①文后原注："言人读书不专一而贪多广阅之弊。"可见，这里批评的是一个人不安心于一本书一本书去读，而不切实际地一味贪图数量杂览的弊病。今人嘲讽贪吃而又饭量有限者为眼大肚皮小，可与此互参。

【翻译】

刚开始的时候，自以为（自己）什么事情都能做成；到了最后，（才发现自己）一件事情也没做成。

译者按：朱熹这里反对的是不脚踏实地、杂览，而不是说不应博览。所谓杂览是说在没有专精一书的情况下乱读，而博览是说在专精一书的情况下，再广泛阅读。因此读者要注意两者的区别。朱熹《晦庵集》卷五十一《答黄子耕》："但看时须是更将大段分作小段，字字句句不可容易放过。常时暗诵默思，反复研究，未上口时，须教上口；未通透时，须教通透；已通透后，便要纯熟。直得不思索时，此意常在心胸之间，驱遣不去，方是。此一段了，又换一段，看令如此。数段之后，心安理熟，觉得工夫省力时，便渐得力也。近日看得朋友间病痛，尤更亲切，都是贪多务广，匆遽涉猎。所以凡事草率粗浅，本欲多知多能，下稍一事不知，一事不能。本欲速成，反成虚度岁月。但能反此，如前所云，试用岁月之功，当自见其益矣。"所论可与此互发，录此备参。

五四　泛观博取，不若熟读而精。

【翻译】

粗泛地阅读，庞杂地获取，不如仔细地阅读并且专精。

五五　大抵观书，先须熟读，使其言皆若出于吾之口；继以精思，使其意若出于吾之心；然后可以有得尔。然熟读精思既晓得后，又须疑不止如此，庶几有进。若以为止如此矣，则终不复有进也。

【翻译】

大抵看书，先要熟读，使书中说的话好像都是出于自己的嘴巴一样；接着缜密地思考，使书中的意思好像都是从自己的心中生发出来的一样，这样才能有收获。但是，经过熟读精思明白书中的道理后，还要质疑道理不只是书中说的那样，这样才能有所长进。如果认为（道理）只是书中讲的那样，那就始终不会再有长进。

五六　书须熟读。所谓书，只是一般。①然读十遍时，与读一遍时终别；读百遍时，与读十遍又自不同也。

【注释】

①一般：一样、相同。

【翻译】

书要读熟。书虽是一样的，但（我们）读完十遍后，（理解起来）和读完一遍的时候始终还是有区别的；读完一百遍后，和读完十遍的时候，又是有所不同的。

五七　为人自是为人，读书自是读书。凡人若读十遍不会，则读二十遍；又不会，则读三十遍，至五十遍，必有见到处。五十遍暝然不晓，①便是气质不好。②今人未尝读得十遍，便道不可晓。

【注释】

①暝然：昏聩的样子。

②气质：此犹言天赋。

【翻译】

做人是做人，读书是读书。一个人如果读十遍不能领会，就读二十遍；还不能领会，就读三十遍，一直到五十遍，一定有明白的时候。如果读了五十遍还是懵懂不明白，就是天赋不好。（但）现在的人没有读到十遍，就说无法弄明白了。

五八　李敬子说先生教人读书云：^①"既识得了，须更读百十遍，使与自家相乳入，^②便说得也响。^③今学者本文尚且未熟，^④如何会有益？"

【注释】

①敬子：李燔之字。《宋史》卷四百三十本传："字敬子，南康建昌人。少孤，依舅氏，中绍熙元年进士第，授岳州教授，未上，往建阳从朱熹学。""故燔处贫贱患难若平素，不为动。被服布素，虽贵不易。入仕凡四十二年，而历官不过七考，居家讲道，学者宗之。与黄幹并称曰黄李。"

②相乳：犹相水乳。佛典常用的比喻之一，指结合紧密。

③响：清楚。

④按：古代经典著作除正文外，还有注文，都属于学子研习的对象。

【翻译】

李燔谈到先生教导人读书时说："已经明白了后，还要再读数十上百遍，使书中的意思能和自己的理解如水乳交融，这样自己就说得清楚了。现在的学者连本文都没有读熟，怎么能从中获益呢？"

五九　读书不可记数，数足则止矣。

【翻译】

读书不可为了去记遍数，为满足遍数的学习和阅读就限制住了自己。

译者按：朱熹虽然一再强调读书要多读，或十遍，或二十遍，乃至百遍，但其核心的意思还是希望学者要多读典籍，不厌其烦，一直到能真正理解领悟书中的道理为止。因此他在这里又补充说不要把这个十遍、二十遍当成一个教条的程序或者是单纯的任务来应付了事，更不要为了达到这个数量来学习，而是要根据个人的情况具体问题具体对待。

六〇　"'诵数以贯之'。①古人读书亦必是记遍数，所以贯通也。"又曰："凡读书且从一条正路直去，四面虽有好看处不妨一看，然非是要紧。"②

【注释】

①见《荀子·劝学》。按：朱熹认为这里的"诵数以贯之"应理解成诵读一定的数量以贯穿它。不过清代学者俞樾认为"诵数犹诵说"，王先谦赞同俞说。（见《荀子

集解》)

②按：这是比喻读书要专精，不可杂览。

【翻译】

（先生说：）"《荀子》说）'诵数以贯之'。（可见）古人读书也一定是要记遍数，所以才能贯通。"（先生）又说："读书要认准一条路笔直走下去，四周即使有好看的地方，不妨看一看，但不是当务之急。"

六一　温公答一学者书，说为学之法，^①举《荀子》四句云："诵数以贯之，思索以通之，为其人以处之，除其害以持养之。"^②《荀子》此说亦好。"诵数"云者，想是古人诵书亦记遍数。"贯"字训熟，如"习贯如自然"，^③又训通，诵得熟，方能通晓。若诵不熟，亦无可得思索。

【注释】

①温公：指司马光，因死后封温国公，故称"温公"。说见《传家集》卷五十九《答明太祝书》。

②见《荀子·劝学》。

③按：《大戴礼记·保傅》："孔子曰：'少成若天性，习惯之为常。'"《汉书》卷四十八《贾谊传》引作"习惯如自然"。

【翻译】

温公在答复一个学者的信中，谈到治学的方法，举了《荀子》中的四句话："诵读一定的次数以熟悉它，深入的思索以贯通它，把自己设想成当时的人设身处地来对待它，去除其中有害的，保持培养其中有益的。"《荀子》这个说法很好。"诵数"的意思，推想起来可能是古人读书也是要记遍数。"贯"字可以解释为"娴熟"，如（我们经常说的）"习惯如自然"。又可解释为通晓，读熟了，才能通晓。如果没读熟，就无法思索。

六二　山谷《与李几仲帖》云：[①]"不审诸经诸史何者最熟？大率学者喜博，而常病不精。泛滥百书，不若精于一也。有余力，然后及诸书，则涉猎诸篇亦得其精。盖以我观书，则处处得益；以书博我，则释卷而茫然。"[②] 先生深喜之，以为有补于学者。[③]

【注释】

①山谷：黄庭坚。黄庭坚字鲁直，洪州分宁人，自号"山谷道人"，北宋著名诗人、书法家。《宋史》卷四百四十四有传。

②按：此帖今《山谷集》不载。

③《朱子语类》卷一百四《自论为学工夫》："某旧时亦要无所不学，禅道、文章、楚词、诗、兵法，事事要

学。出入时无数文字，事事有两册。一日忽思之曰：'且慢，我只一个浑身，如何兼得许多？'自此逐时去了。大凡人知个用心处，自无缘及得外事。"可与此互参。

【翻译】

黄庭坚在《与李几仲帖》中说："不知道你对各经各史，哪种最熟悉？大抵现在的学者喜欢博览，而最大的毛病在不专精。其实粗泛地涉猎上百种书，不如专精于一种书。有多余的精力，然后再旁及其他的书，那么涉猎的书也才能精通。（一本一本专精地读，）那是我在看书，就会处处受到教益；（粗泛地读，）那就成了靠堆砌书本来增加我的广博，放下书卷后，自己就会陷入一片迷茫。"先生特别喜欢这段话，认为对学者有补益。

六三 读书，理会一件，便要精这一件。看得不精，其它文字便亦都草草看了。一件看得精，其它亦易看。山谷帖说读书法，甚好。

【翻译】

读书，理解领会了一处，就要专精一处。（这处）看得不精，其他地方的文字也会看得草率。（如果）这个地方看得精细，其他地方也就容易看了。黄山谷在他的《帖》中谈到读书的方法，说得很好。

六四　学者贪做工夫，①便看得义理不精。读书须是仔细，逐句逐字要见着落。若用工粗卤，不务精思，只道无可疑处。非无可疑，理会未到，不知有疑尔。大抵为学老少不同：年少精力有余，须用无书不读，无不究竟其义。若年齿向晚，却须择要用功，读一书，便觉后来难得工夫再去理会，须沉潜玩索，究极至处，可也。盖天下义理只有一个是与非而已，是便是是，非便是非。既有着落，虽不再读，自然道理浃洽，省记不忘。譬如饮食，从容咀嚼，其味必长；大嚼大咽，终不知味也。

【注释】

①做工夫：犹言下工夫，这里指看书。

【翻译】

学者（看书的时候，如果一味）贪多务得，就无法把义理理解精细。读书应该仔细，（要让书中的）每一句话每一个字都有着落，如果粗疏卤莽，不去深入思考，就会认为书中没有值得怀疑的地方。（其实）并不是没有值得怀疑的地方，是自己的理解领会没有到家，不知道哪里有该怀疑的地方罢了。大抵治学年纪大的时候和年轻的时候不同：年轻的时候精力旺盛，应该无书不读，详细穷究书中的每一处意思。如果年纪逐渐大了，那就要选择重要的方面去用功，每读一本书，就要想到以后恐怕再也没有时间来理解领会了，因此要沉浸其中，细心玩味思索，穷究（每一句话）到极至处，这样才行。盖天下义理只有一个是非罢了，对就是对，不对就是不对。如果（读书的时候，每一句话每一个字）都能有着落，即使以后不再读，也自会把道理理解得周密通达，铭记不忘。比如吃饭，不慌不忙地细嚼慢咽，味道自会悠长；（如果）狼吞虎咽，吃完了都不知道味道。

　　六五　书只贵读，读多自然晓。今只思量得，写在纸上底，也不济事。终非我有，只贵乎读。这个不知如何，自然心与气合，舒畅发越，①自是记得牢。纵饶熟看过，心里思量过，也不如读。读来读去，少间，晓不得底，自然晓得；已晓得者，越有滋味。若是读不熟，都没这般滋味。而今未说读得注，且只熟读正经，行住坐卧，心常在此，自然晓得。尝思之，读便是学。夫子说"学而不思则罔，思而不学则殆"。②学便是读，读了又思，思了又读，自然有意。若读而不思，又不知其意味；思而不读，纵使晓得，终是虚飘不安，③一似倩得人来守屋相似，不是自家人，终不属自家使唤。若读得熟，而又思得精，自然心与理一，永远不忘。某旧苦记文字不得，后来只是读，今之记得者，皆读之功也。老苏只取《孟子》《论语》《韩子》与诸圣人之书，④安坐而读之者七八年，后来做出许多文字，如此好。他资质固不可及，然亦须着如此读。只是他读时，便只要模写它言语，做文章。若移此心与这样资质去讲究义理，那里及得来！是知书只贵熟读，别无方法。

【注释】

①发越：散发。

②见《论语·学而》。朱熹《四书集注》说："不求诸心，故昏而无得；不习其事，故危而不安。"

③靰鞇（niè）：动荡貌。

④老苏：指苏洵。苏轼、苏辙的父亲，唐宋八大家之一。

【翻译】

书最重要的是去读，读得多了，自然就明白了。现在的人光思考，然后写在纸上，也不管用，终究不是属于自己的，关键的还是要去诵读。这个意思不知道是什么，（读得多了，）自然就觉得自己的想法与书中的文气相吻合，精神舒畅，自然就记得牢了。（否则）纵使熟看过，心里思考过，也不如诵读。读来读去，要不了多久，以前不明白的，就自然会明白；已经明白的，就会觉得越来越有味道了。如果没读熟，就没法感受到这种滋味。现在还不要说去读注，只要熟读经书的正文，（不管是）行住坐卧，心思都放在诵读上，自然就会明白。我常想：读就是学。孔夫子说，"光学习而不思考，就会昏乱而无所收获；光思考而不学习就会忧惧而不安"。可见学习就是诵读，诵读完再思考，思考完再学习，自然就会明白书中的深意。如果光诵读而不思考，就不会明白书中的深意；光思考而不去诵读，即使知道，终究是不安稳。就像请个人来看守房子一样，不是自己家里的人，终究不如自己家里的人好使唤。如果诵读得熟，又思考得很专精，自己的心思和书中的义理自然就会融而为一，永远不忘。我以前苦于记不住（书中的）文字，后来就是诵读，现在记住的内容，都是当年读书的功效。老苏只选取《孟子》《论语》《韩子》与其他一些圣人的书，平心静气地坐下来诵读了七八年，后来写出的文章才那样的好。（虽然）他的资质我们比不上，但也主要在于他肯那样的去诵读。并且他在读书的时候，只想着如何去模仿书中的话语，将来好用来写文章。如果他用这个心思和这样的资质去研究义理。（我们）哪里比得上！可见书最重要的是诵读，没有其他的方法。

六六　"读书之法，读一遍了，又思量一遍；思量一遍，又读一遍。读诵者，所以助其思量，常教此心在上面流转。若只是口里读，心里不思量看，如何也记不仔细。"又云："今缘文字印本多，[①]人不着心读。[②]汉时诸儒以经相授者，只是暗诵，所以记得牢，故其所引书句，多有错字。如《孟子》所引《诗》《书》亦多错，以其无本，但记得耳。"

【注释】

①印本：雕版印刷的书本，以区别于唐及唐以前通行的"写本""抄本"（用手抄写的书）。

②着心：用心。

【翻译】

（先生说：）"读书的方法，（应该是）诵读完一遍后，再思考一遍；思考完一遍后，再诵读一遍。诵读的目的，是为了帮助思考，让自己的心思经常停留在上面。如果只是嘴巴上读，心里不去思考，不管你怎样，都记不仔细。"又说："现在只因为印刷的书多了，大家都不用心读。汉朝的时候那些传授经书的学者，都是默背，所以记得牢，因此他们引述书中的语句，经常有错误。如《孟子》里面所引述的《诗经》《尚书》中的句子，就有很多错误。这是因为当时没有印本，只是靠自己记忆。"

六七　今人所以读书苟简者，缘书皆有印本多了。如古人皆用竹简，除非大段有力底人方做得，^①若一介之士，^②如何置？所以后汉吴恢欲杀青以写《汉书》，^③其子吴祐谏曰："此书若成，则载之兼两。昔马援以薏苡兴谤，王阳以衣囊徽名，正此谓也。"^④如黄霸在狱中从夏侯胜受《书》，凡再逾冬而后传。^⑤盖古人无本，除非首尾熟背得方得。至于讲诵时，也是都背得，然后从师受学。如东坡作《李氏山房藏书记》,⑥那时书犹自难得。晁以道尝欲得《公》《穀传》,⑦遍求无之,后得一本,方传写得。今人连写也自厌烦了,所以读书苟简。

【注释】

①大段:特别。

②一介:一个,多含藐小、卑贱意。

③杀青:古代制竹简程序之一。将竹火炙去汗后,刮去青色表皮,以便书写和防蠹。

④按:《后汉书》卷六十四《吴祐传》:"吴祐字季英,陈留长垣人也。父恢为南海太守,祐年十二随从到官。恢欲杀青简以写经书,祐谏曰:'今大人逾越五领,远在海滨,其俗诚陋。然旧多珍怪,上为国家所疑,下为权戚所望,此书若成,则载之兼两。昔马援以薏苡兴谤,王阳以衣囊徼名,嫌疑之间,诚先贤所慎也,恢乃止。'"马援以薏苡兴谤:事见《后汉书》卷二十四《马援传》:"初,援在交阯,常饵薏苡实,用能轻身省欲,以胜瘴气。南方薏苡实大,援欲以为种,军还,载之一车,时人以为南土珍怪,权贵皆望之。援时方有宠,故莫以闻。及卒后,有上书谮之者,以为前所载还,皆明珠文犀。马武与於陵侯侯昱等皆以章言其状,帝益怒。援妻孥惶惧,不敢以丧还,旧茔栽买城西数亩地,槁葬而已。"王阳以衣囊徼名:事见《汉书》卷七十二《王吉传》:"好车马、

衣服，其自奉养极为鲜明，而亡金银锦绣之物，及迁徙去处，所载不过囊衣。"

⑤《汉书》卷八十九《黄霸传》："（黄霸）知长信少府夏侯胜，非议诏书，大不敬，霸阿从不举劾，皆下廷尉，系狱当死。霸因从胜受《尚书》狱中，再逾冬，积三岁乃出。"

⑥东坡：北宋苏轼之号。北宋著名文学家、书法家，唐宋八大家之一。《宋史》卷三百三十八有传。《东坡全集》卷三十六《李氏山房藏书记》："象犀珠玉怪珍之物，有悦于人之耳目而不适于用。金石草木丝麻五谷六材，有适于用而用之则弊，取之则竭。悦于人之耳目而适于用，用之而不弊，取之而不竭，贤不肖之所得，各因其才，仁智之所见，各随其分，才分不同，而求无不获者，惟书乎！自孔子圣人，其学必始于观书。当是时，惟周之柱下史老聃为多书。韩宣子适鲁，然后见《易象》与《鲁春秋》。季札聘于上国，然后得闻《诗》之风雅颂。而楚独有左史倚相，能读《三坟》《五典》《八索》《九丘》，士之生于是时，得见《六经》者盖无几，其学可谓难矣。而皆习于礼乐，深于道德，非后世君子所及。自秦汉以来，作者益众，纸与字画日趋于简便，而书益多，世莫不有。然学者益以苟简，何哉？余犹及见老儒先生，自言其少时欲求《史记》《汉书》而不可得，幸而得之，皆手自书，日夜诵读，惟恐不及。近岁市人转相摹刻诸子

百家之书，日传万纸，学者之于书，多且易致如此。其文词学术，当倍蓰于昔人，而后生科举之士，皆束书不观，游谈无根，此又何也？余友李公择，少时读书于庐山五老峰下白石庵之僧舍，公择既去，而山中之人思之，指其所居为李氏山房。藏书凡九千余卷。公择既已涉其流、探其源、采剥其华实，而咀嚼其膏味以为己有，发于文词，见于行事，以闻名于当世矣。而书固自如也，未尝少损。将以遗来者，供其无穷之求，而各足其才分之所当得。是以不藏于家，而藏于其所故居之僧舍，此仁者之心也。余既衰且病，无所用于世，惟得数年之闲，尽读其所未见之书，而庐山固所愿游而不得者，盖将老焉。尽发公择之藏，拾其余弃以自补，庶有益乎？而公择求余文以为记，乃为一言，使来者知昔之君子见书之难，而今之学者有书而不读为可惜也。"

⑦以道：晁说之之字，又字伯以，因慕司马光之人，自号景迂生。《公》《榖传》：《公羊传》和《榖梁传》，《春秋三传》之一。

【翻译】

现在的人读书之所以马虎懈怠，也是因为现在印刷的书多了。如果像古人一样还是用竹简，那么除非是特别有经济实力的人才用得起。如果只是一个普通的读书人，怎么能置办得起？所以东汉时候的吴恢想杀青抄写《汉书》，他的儿子吴祐就劝谏他说："这本书如果抄写完成后，一定要用好几辆马车才能装载。从前马援因为买了一车薏苡，从而导致谤议；王阳因为迁处各地，所带不过几袋东西，从而得到好的名声。就是说的这个事。"又如西汉的黄霸在牢狱中跟随夏侯胜学习《尚书》，一共连续过了两个冬天才学完。盖古人没有印本，除非是把一本书从头到尾熟背下才行。以至于听老师讲解诵读时，也都是先背得到，然后才去跟随老师接受学习。如果看了苏东坡写的《李氏山房藏书记》，就知道（直到北宋）那个时候印本都很难得。晁以道想得到《公羊传》和《榖梁传》，到处去找都没找到，后来找到一个本子，这样才能传写。现在的人连（把书摆在他面前让他）抄写都嫌厌烦了，所以读起书来苟且贪图简易。

六八 讲论一篇书，须是理会得透。把这一篇书与自家滚作一片，方是。去了本子都在心中，皆说得去，方好。

【翻译】

讲解讨论一篇书，就应该理解领会透彻，让这篇书中（讲述的道理）能和（自己的理解）融为一体，才行。要扔掉书本还能（把书中的义理）保留在自己的心中，都说得出来，这样才好。

六九　莫说道见得了便休。而今看一千遍，见得又别；看一万遍，看得又别。须是无这册子时，许多节目次第都恁地历历落落在自家肚里，^①方好。

【注释】

①节目：这里指书中关键重要的地方。

【翻译】

不要以为（书上的内容）理解了就完了。现在（让你重新）再看一千遍，理解的（和以前）又不同了；看一万遍，（和看一千遍时，理解起来）又不同了。要丢了这本书后，（书中）许多关键重要的地方都能井井有条、清清楚楚地保存在自己肚子里，这样才行。

七〇　放下书册，都无书之意义在胸中。^①

【注释】

①按：此谓读书后，当将书中义理融于心中，不能如俗语所谓开书了然，释书茫然。可参本卷六八、六九、七一。

【翻译】

（现在的人，）放下书本后，都没有一点书中的意思保留在自己的胸中。

七一　欧公言："作文有三处思量：枕上、路上、厕上。"①它只是做文字，尚如此，况求道乎？今人对着册子时便思量，册子不在，心便不在，如此济得甚事？

【注释】

①欧公：欧阳修。字永叔，庐陵人。《宋史》卷三百十九有传。语见欧阳修《归田录》卷下。

【翻译】

欧阳修说："写文章时，还有三个可以思考的地方：枕头边、道路上和厕所里。"他只是写文章，尚且如此（勤奋），何况（我们这些）研求义理的人呢？现在的人对着书本时，才想着（书本上的内容），书本不在了，心思也就不在（书上）了，这样怎么能行？

七二　今之学者看了也似不曾看，不曾看也似看了。

【翻译】

现在的学者，看了（书）也好像没有看过一样；没有看过（书）也好像看过了一样。

七三　看文字，于理会得了处更能看过，尤妙。

【翻译】

读书，对自己理解领会得清楚明了的地方还能认真地去研读，这才了不起。

七四　看文字须子细，虽是旧曾看过，重温亦须子细。每日可看三两段，不是于那疑处看，正须于那无疑处看。盖工夫都在那上也。

【翻译】

看书要认真，即使是自己以前曾经看过的，重新温习的时候也要认真。每天可看两三段，不是去仔细看那些还有疑惑的地方，是要看那些自己认为没有疑惑的地方。本事都在那上面。

七五　圣人言语如千花，远望都见好。须端的真见好处，始得。须着力子细看，功夫只在子细看上，别无术。

【翻译】

圣人的话就像（盛开的）百花，远远望去都很好看。但（学者）要确实见到它的好，才行。要花精力认真去看，功夫只在认真看上，没有其他的方法。

七六　圣人言语皆枝枝相对，叶叶相当，不知怎生排得恁地齐整？今人只是心粗，不子细穷究，若子细穷究来，皆字字有着落。

【翻译】

圣人（著作里）的话就如树上的树枝和树叶，一个树枝和一个树枝相对应，一片叶子和一片叶子相匹配，也不知（他们）怎么就安排得这样整齐？今人只是粗心，不去仔细深究，如果仔细深究，（就会知道圣人书中的）每一个字都是有着落的。

七七　某自潭州来，^①其它尽不曾说得，只不住地说得一个教人子细读书。

【注释】

①据清王懋竑《朱子年谱》，朱熹曾两次到过潭州（今湖南长沙一带），一为绍兴二十八年（1158），朱熹二十九岁时，"冬十一月，以养亲，请祠。十二月，差监潭州南岳庙。"一为乾道三年（1167），朱熹三十八岁时，"八月，访南轩张公敬夫于潭州。"此似指后者。

【翻译】

我从潭州回来后，其他的都不曾说什么，就是不停地教导人仔细读书。

七八　读书不精深，也只是不曾专一子细。

【翻译】

读书不能精细深入，也只是（因为）不能专一认真（罢了）。

七九　看文字有两般病：有一等性钝底人，向来未曾看，看得生，卒急看不出，固是病；又有一等敏锐底人，多不肯子细，易得有忽略之意，不可不戒。

【翻译】

（学者）读书有两种毛病：有一种天性鲁钝的人，从来不看书，即使看书也看得很生疏，仓促之间看不出什么所以然，这固然是一种毛病；但还有一种聪明敏锐的人，不肯认真看书，容易产生轻忽粗略之心，不可不引以为戒啊。

八〇　为学读书，须是耐烦，细意去理会，①切不可粗心。若曰：何必读书？自有个捷径法，便是误人底深坑也。未见道理时，恰如数重物色包裹在里许，②无缘可以便见得。须是今日去了一重，又见得一重；明日又去了一重，又见得一重。去尽皮，方见肉；去尽肉，方见骨；去尽骨，方见髓。使粗心大气，不得。

【注释】

①细意：细心。

②物色：物品。

【翻译】

治学读书，要不怕麻烦，细心去理解领会，千万不能粗心。如果（有谁）说：何必（这样）读书？自有方便快捷的方法，那就是误导他人的深坑。没明白书中道理的时候，好比几个东西被层层包裹在里面，没办法看到。只能是今天去掉一层，看到一样东西；明天又去掉一层，又看到一样东西。去尽皮，才能看见肉；去尽肉，才能看见骨头；去尽骨头，才能看见精髓。假如粗心大意，就不能看到（里面的）东西了。

八一　观书初得味，即坐在此处，不复精研。故看义理，则汗漫而不别白；①遇事接物，则颓然而无精神。

【注释】

①汗漫：不着边际。别白：辨别明白。

【翻译】

（现在的学者）看书才看出点味道来，就停留在那里，不再深入钻研了。所以（他们）看义理，都不着边际，不能区别明白；遇事或待人，则颓废而无精神。

八二　读书只要将理会得处，反复又看。

【翻译】

读书只是把自己能理解领会得到的地方，反复地看过来看过去。

八三　"今人读书，看未到这里，心已在后面；才看到这里，便欲舍去。如此，只是不求自家晓解。须是徘徊顾恋，如不欲舍去，方能体认得。"又曰："读书者譬如观此屋，若在外面见有此屋，便谓见了，即无缘识得。须是入去里面，逐一看过，是几多间架，^①几多窗棂。^②看了一遍，又重重看过，一齐记得，方是。"^③

【注释】

①间架：指房屋的结构形式。

②窗棂（líng）：窗格。

③按：原文本段后有注："讲筵亦云：'气象匆匆，常若有所迫逐。'"意思是说："（先生在）讲席上也曾说：'（现在的学者看书时，）神情急急忙忙的，好像是在追逐什么东西样。'"

【翻译】

（先生说：）"现在的人读书，（要么）这个地方还没看完，心思就已经到后面去了；（要么）才看到这个地方，就想丢开。这样，只是不想自己去理解。应该（读的时候）反复再三沉浸其中，不想离开，这样才能真正体会认识。"（先生）又说："读书好比是去看一座房子，如果在外面瞧见这座房子就说自己看到了，那就没有机会真正认识这座房子。要走进里面去，一个地方一个地方去看，看它有多少结构，有多少窗格。看完一遍，又反复看几遍，都记住了，才行。"

八四　看书非止看一处便见道理。如服药相似，一服岂能得病便好？须服了又服，服多后，药力自行。

【翻译】

看书不是看一遍就能看出道理。好比服药一样，只吃一副，怎么可能病就好了呢？要吃完一副再吃一副，吃多了，药力到了，病自然就好了。

八五　读书着意玩味，^①方见得义理从文字中迸出。

【注释】

①着意：用心。

【翻译】

读书要用心玩味，（这样）才能让义理从文字中迸发出来。

八六　读得通贯后，义理自出。①

【注释】

①按：徽州本此条与卷上八三条合作一条。

【翻译】

读书贯通后，义理自然就出来了。

八七　读书须看他文势语脉。

【翻译】

读书要注意看书中文句的语势和各段的脉络。

八八　看文字，要便有得。

【翻译】

读书，就要能有收获。

八九　看文字，若便以为晓得，则便住了。①须是晓得后，更思量后面尚有也无。且如今有人把一篇文字来看，也未解尽知得它义，况于义理？前辈说得恁地，虽是易晓，但亦未解便得其意。须是看了又看，只管看，只管有。

【注释】

①按：朱熹这里是告诫学者不能浅尝辄止。

【翻译】

读书，如果以为（自己）都懂了，就限制住了自己，停滞不前了。要等到明白后，再思考后面还有没有（问题）。就是现在的人写一篇文章（让我们）来看，（我们）也未必都能理解它的意思，何况是义理呢？前辈说得虽然是如此易懂，但（我们）也未必就能理解他的真实的意思。应该是看了又看，只要去看，就会有（收获）。

九〇 读书不可有欲了底心，^①才有此心，便心只在背后白纸处了，^②无益。

【注释】

①了：完结。
②按：南宋时雕版印刷出来的书，流行用蝴蝶装，这种装帧出来的书，第一页和最后一页都是白纸。

【翻译】

读书的时候，不能有想（一下就）读完的心思。才有了这个想法，自己的心思就会跑到书本最后的白纸上去了，（这样对自己）没有好处。

九一　大抵学者只在是白纸无字处莫看。有一个字，便与它看一个。如此读书三年，无长进处，则如赵州和尚道："截取老僧头去。"①

【注释】

①语见宋普济《五灯会元》卷四《赵州从谂禅师》。赵州和尚：晚唐高僧，俗姓郝，法号从谂，曹州郝乡人，生于唐大历十三年（778），卒于唐昭宗乾宁四年（897），晚年驻锡赵州观音院，后人尊为"赵州古佛"，或称"赵州和尚"。事迹见《宋高僧传》卷十一《唐赵州东院从谂传》。

【翻译】

学者除非是书上的空白没有字的地方不看。（其他的地方，）有一个字，就要去看一个字。像这样读三年书，如果还没有长进，那就像赵州和尚说的一样："你尽管把我的脑袋砍了去。"

九二　人读书，如人饮酒相似。若是爱饮酒人，一盏了，又要一盏吃。若不爱吃，勉强一盏便休。

一个人读书就和喝酒一样。如果是那爱喝酒的人，一盏喝完了，又会要一盏喝。如果不喜欢喝，强迫（他）喝一盏后，就不喝了。

九三　读书不可不先立程限。^①政如农功，^②如农之有畔。^③为学亦然。今之始学者不知此理，初时甚锐，渐渐懒去，终至都不理会了。此只是当初不立程限之故。

【注释】

①程限：这里指计划，每天必须完成的额定任务。

②政：正。农功：农事，农业生产。

③见《左传》襄公二十五年。本意是说农田有田埂，这里指程限。

【翻译】

读书不能不事先确定好计划。就像务农，农田都有田埂一样。治学也是这样。现在的学者不懂得这个道理，刚开始时很有锐气，慢慢地就懒惰起来，最后竟根本不去理解领会书中的意思了。这些都是因为当初没有制定相应的必须完成的任务的缘故。

九四　曾裘父《诗话》中载东坡教人读书小简，^①先生取以示学者，曰："读书要当如是。"^②

①裒父：宋曾季狸之字，自号艇斋。从吕本中等游，尽得其诗学。所著《诗话》，今通称《艇斋诗话》。

②按：此条后原有按语："按：裒父《诗话》载东坡《与王郎书》云：'少年为学者，每一书皆作数次读之。当如入海，百货皆有，人之精力不能兼收尽取，但得其所欲求者尔。故愿学者每次作一意求之，如欲求古今兴亡治乱圣贤作用，且只作此意求之，勿生余念。又别作一次求事迹文物之类，亦如之。它皆放此。若学成，八面受敌，与涉猎者不可同日而语。'"意思是说：年轻的时候治学，每一本书都要读几遍，就像（一个人驾船）到大海中去，（大海里）什么东西都有，但一个人的精力有限，势必不能兼收尽取，只能从中选取自己最想要的。所以我希望每次读书的时候能围绕一个问题去思考。如想知道古往今来（一个王朝）兴盛灭亡、治理祸乱及圣贤的作用，阅读的时候，就专心致志地围绕着这点去探寻，不要再生发其他的想法。如果下次又想去了解一个王朝的事迹和文物之类，也像上次那样去做。其他的也如此。如果学成后，就可以经常得到来自各方面的质疑驳难，和阅读时仅仅是肤浅涉及的完全不是一个层次。译者按：原书今见《东坡全集》卷七十六《答王庠书》。

【翻译】

曾裒父《诗话》中记载了苏轼教导人如何读书的一

封简短的信，先生把它拿来给同学们看，说："读书就应该这个样子。"

九五　"尹先生门人言尹先生读书云：[1]'耳顺心得，[2]如诵己言。功夫到后，诵圣贤言语都一似自己言语。'"良久曰："'佛所谓心印是也。印第一个了，印第二个，只与第一个一般。又印第三个，只与第二个一般。惟尧、舜、孔、颜方能如此。尧老，逊位与舜，教舜做。及舜做出来，只与尧一般。此所谓真同也。孟子曰："得志行乎中国，若合符节。"[3]不是且恁地说。'"

【注释】

①尹先生：指尹焞（tūn）。《宋史》卷四百二十八："尹焞字彦明，一字德充，世为洛人。……焞少师事程颐……焞之从师与河南张绎同时，绎以高识，焞以笃行。颐既没，焞聚徒洛中，非吊丧问疾不出户，士大夫宗仰之。靖康初，种师道荐焞德行可备劝讲，召至京师，不欲留，赐号和靖处士。"

②耳顺：这里指顺耳，比喻读书读得熟。

③得志行乎中国，若合符节：见《孟子·离娄下》。意思是说，他们的理想得以在中国实施，就如同符节一样吻合。符节：古代符信之一种。以金玉竹木等制成，上刻文字，分为两半，使用时以两半相合为验。

【翻译】

（先生说:）"尹先生的学生谈到尹先生读书时曾说：'（把书读得）顺耳了，（书中的意思）心里自然也就明白了，就像是在朗读自己说的话一样。工夫到了后，诵读圣贤的言语就像是在朗读自己的言语。'"过了很久，（先生）说："'佛家讲究所谓彼此以心来印证，印证完一个，再印证第二个，就像和印证第一个的时候一样。接着又印证第三个，又和印证第二个的时候一样。只有尧、舜、孔子、颜回才能做到这点。尧老了的时候，把自己的职位禅让给了舜，教导舜怎样管理部族。等到舜即位后，管理部族和尧几乎一样。这才是所谓的真正相同。孟子说："他们的理想得以在中国实施，就如同符节一样吻合。"（他）可不是随便说的。'"

九六　读书须教首尾贯穿。若一番只草草看过，不济事。某记舅氏云："当《新经》行时，① 有一先生教人极有条理。时既禁了史书，② 所读者只是《荀》《扬》《老》《庄》《列子》等书，③ 它便将诸书划定次第，初入学，只看一书。读了，理会得多了，方看第二件。每件须要贯穿，从头到尾，皆有次第。既通了许多书，斯为必取科第之计：如刑名度数，④ 也各理会得些；天文地理，也晓得些；五运六气，⑤ 也晓得些；如《素问》等书，⑥ 也略理会得。又如读得《圣制经》，⑦ 便须于诸书都晓得些。《圣制经》者，乃是诸书节略本，是昭武一士人作，⑧将去献梁师成，⑨要觅官爵。及投进，累月不见消息。忽然一日，只见内降一书云：'御制《圣制经》，令天下皆诵读。'方伯谟尚能记此士人姓名。⑩"又云："是时既禁史学，更无人敢读史。时奉使叔祖教授乡里，⑪只就《蒙求》逐事开说本末，⑫时人已相尊敬，谓能通古今。有一士人，以犯法被黥，⑬在都中，因计会在梁师成手里直书院，⑭与之打并书册甚整齐，⑮师成喜之，因问其故，他以情告，遂与之补官，令常直书院。一日，传圣驾将幸师成家，⑯师成遂令此人打并装叠书册，此人以经史次第排，极可观。师成来点检，见诸史亦列桌上，因大骇，急移下去，云：'把这般文字将出来做甚！'此非独不好，想只怕人主取去，看见兴衰治乱之端耳。"

【注释】

①《新经》：即新经义。王安石在推行新法的同时，还对当时的考试内容进行了改革，熙宁六年（1073），王安石和吕惠卿及其子王雱等撰写了《新经尚书义》《新经毛诗义》《新经周礼义》等，"颁于学官，用以取士，士或少违异，辄不中程。由是独行于世者六十年，而天下学者喜攻其短，自开党锢之禁，世人羞称焉"。（见《郡斋读书志》卷一《新经尚书义》）

②《宋史》卷四百七十三《秦桧传》："（绍兴十五年）

桧先禁私史，七月又对帝言私史害正道。"

③《扬》：《扬子》，即西汉扬雄所著《法言》。

④刑名度数：刑名，刑律。度数，规则。

⑤五运六气：中医学名词。古代医家根据金、木、水、火、土五行的运行和阴、阳、风、雨、晦、明（《素问·至真要大论》以风、热、湿、火、燥、寒为六气。）六气的流转（即所谓"气运"），以推断气候变化与疾病发生的关系。宋沈括《梦溪笔谈·象数一》："医家有五运六气之术，大则候天地之变，寒、暑、风、雨、水、旱、螟、蝗，率皆有法；小则人之众疾，亦随气运盛衰，今人不知所用，而胶于定法，故其术皆不验。"

⑥《素问》：即《黄帝内经素问》，中医学经典，现存最早的一部医学典籍。

⑦《圣制经》：由皇帝钦定撰写的书叫"圣制"。

⑧昭武：疑当作邵武。在今福建。

⑨梁师成：北宋末年宦官，字守道，为当时所称"六贼"之一。《宋史》卷四百六十八有传。

⑩伯谟：方士繇之字。《闽中理学渊源考》卷九："方士繇字伯谟，莆田人。会之曾孙也。父丰之，工诗。士繇少孤，依母家邵武吕氏。已而徙崇安，从文公游，遂弃去举业，直以学古为事，熏陶涵养，日进高明，不数年遂称高弟。《六经》皆通，尤长于《易》，聪明绝人，而持之以谦厚，利禄赀产，绝不介意。其气貌简远，涉世若

甚疏者。至讲明治道，援古断今，了然明白。绍熙间，文公之门人有至行在者，公卿延致，惟恐后。士龠在远闻之，曰：'异时必学者祸。'未几，学禁果作矣。又尝劝文公少著书。以文公教人读《集注》为未然，其忧深思远，多类此云。所著有《远庵诗集》。"

⑪奉使：朱奉使，朱熹叔祖。字少章，少从晁景迁学。见《晦庵集》卷八十三《跋朱奉使奏状》。

⑫蒙求：本唐李翰编纂的一本教授生徒的启蒙性读物，取古人事迹类为四字韵语，以便记诵，皆以对偶成文。另据《宋史·艺文志》宋代以"童蒙"为名的尚有杨彦龄《左氏蒙求》、王邹彦《春秋蒙求》、洪迈编次的《李翰蒙求》等。此或泛指当时所编的浅俗的幼童读物。

⑬黥：古代的一种刑罚，在脸上刻黑字。

⑭计会：即会计。

⑮打并：收拾、整理。

⑯圣驾：皇帝或临朝皇后的车乘。借指皇帝或皇后。

【翻译】

读书应该能贯穿整个文章的前后。如果只是草草地看一遍，没有用。我记得我的一个舅父说："当《新经》推行的时候，有一个先生教学生很有条理，当时已经禁止读私史，学者所能读到的只有《荀子》《法言》《老子》《庄子》等书，他就把这些书先划了个顺序，刚入学的时候，只看了一种书。读完了，理解体会多了，再看第二本。每本都要求能贯穿（全书），从头到尾，都有顺序。等都读完了这些书后，再来考虑应付科举的计划：如（各种）法律条款，也略微了解知道点；天文地理，也学习知道点；五运六气，也学习知道点；像《黄帝内经》等也略微知道点。又如读完皇帝亲自撰写的《经义》后，就对各书都了解点了。《圣制经》是对各书的一个节选缩略本。（它）本来就是昭武一个读书人写的，拿着去进献给梁师成，想（凭此）讨要个一官半爵。等到投献进去后，连续几个月都没有任何消息。突然有一天，只见朝廷降下一道诏书，说：'皇帝撰写了一本《圣制经》，让天下人都来诵读。'方伯谟还能记得住这个读书人的名字。"

又说："那时已经禁止史书了，没有人敢读史书。适逢奉使叔祖在乡里教授学生，只用《蒙求》之类的幼读书，逐件事逐件事地讲解他们的来龙去脉，当时的人因此对他很尊敬，说能贯通古今。有一个读书人，因为触犯法律，被判黥刑，留在京城中，以会计的身份在书院值班，帮他们把书本收拾整理得很整齐。梁师成很喜欢，就问他原因，他就把实情告诉了梁师成，梁师成就替他补了个官，叫他经常在书院值班。有一天，皇帝说要到梁师成家，梁师成就叫这个人整理书册，这个人把经书史书按顺利排列开，排列得非常好。梁师成来检查，发现各类史书也排列在桌子上，非常吃惊，赶紧拿走，说：'把这些书放在这里干什么！'这并不是有什么不好，想来只是怕国君拿去读,从中看到国家兴盛衰落、成功失败的根源罢了。"

九七　近日真个读书人少,也缘科举时文之弊也。才把书来读,便先立个意思,要讨新奇,都不理会他本意着实。才讨得新奇,便准拟作时文使,下梢弄得熟,①只是这个将来使。虽是朝廷甚么大典礼,也都是信手捻合出来使,②不知一撞百碎,③前辈也是读书。某曾见大东莱(吕居仁)之兄,④他于《六经》《三传》皆通,⑤亲手点注,⑥并用小圈点。《注》所不足者,并将《疏》楷书,用朱点,无点画草。某只见他《礼记》如此,他经皆如此。诸吕从来富贵,虽有官,多是不赴铨,⑦亦得安乐读书。他家这法度,却是到伯恭打破了,自后既弄时文,少有肯如此读书者。

【注释】

①下梢:这里指细枝末节,非当务之急的地方。

②信手:随便。手,词尾,无义。捻合:犹言拼凑。

③一撞百碎:比喻经不起推敲,错误百出。

④大东莱:吕祖谦(字伯恭)与其祖吕本中(字居仁)皆称"东莱先生",故后人称吕本中为"大东莱先生",吕祖谦为"小东莱先生"。

⑤《三传》:当指《春秋三传》,即解释《春秋》的三

本书:《左传》《公羊传》《榖梁传》。

⑥点注:圈点、批注。用各种符号标示自己读书的心得。唐李匡乂《资暇集》卷上:"稷下有谚曰:'学识何如观点书。'点书之难,不惟句度义理,兼在知字之正音借音。"

⑦铨:铨选,参加完科举考试后,再参加选拔,然后获官。

【翻译】

现在真正读书的人太少了,这都是因为如今推行科举应试文体取士的流弊造成的。才拿起书来读,就想(刻意地)提出个(与众不同的)观点,来追求新奇,一点也不愿先踏踏实实地去理解领会书中本来的意思。才有个新奇的看法,就准备当成时文来使用,把这些细枝末节的地方学得熟,以便将来用。即使是朝廷举行的一些重要典礼,也是随便拼凑起来用,也不管千疮百孔,根本经不起推敲。前辈也是读书,我曾经见到过大东莱先生吕本中的哥哥,他对于《六经》《三传》都精通,并亲手批点标注,还加上小圈点。《注》中的内容不详尽的,还用楷书写上《疏》的内容,用红笔批点,没有一点一画是潦草的。我原以为只《礼记》是这样,没想到其他经书也是这样。吕氏家族的人一向出身显贵,即使有当官的机会,也不去参加选拔,所以能安心快乐地读书。他们家的这个规矩却是直到伯恭才打破了,从此以后都开始学习科举应试的文体，很少有愿意读书的了。

九八　精神长者，博取之，所得多；精神短者，但以词义简易者涵养。

【翻译】

精神能持久的，可以广博地阅读，所得到的收获也多。精神不能持久的，则可以选取文辞简单、容易理解的慢慢涵泳。

九九　中年以后之人读书，不要多，只少少玩索，自见道理。

【翻译】

中年以后的人读书，不要贪图多，只需要对少量的内容玩味思索，自然就会洞见道理。

一〇〇　千载而下读圣人之书，只看得他个影象，①大概路脉如此，若边旁四畔，②也未易理会得。

【注释】

①影象：影子。

②边旁四畔：这里指历史人物和历史事件发生的前

因后果、来龙去脉等细节。

【翻译】

生在几千年后的人读圣贤的书，只能看得到个模糊的影子，大致路径梗概是这样，至于旁边和四周（的细节），也不容易理解领会了。

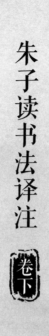

朱子读书法译注 卷下

读书法下

一　人之为学，固是欲得之于心，体之于身。但不读书，则不知心之所得者何事。

【翻译】

一个人之所以要学习，固然是要使自己的内心明白，亲身体验。但是如果不读书，（你）就不知道自己的内心要得到的是什么。

二　读书穷理，当体之于身。凡平日所讲贯穷究者，^①不知逐日常见得在心目间否？不然，则随文逐义，赶趁期限，不见悦处，恐终无益。

【注释】

①讲贯：讲习。

【翻译】

读书穷究事理后，还应当亲身体验。（不知大家）平日所谈论穷究的东西，是不是每天都停留在自己的内心和眼中？如果不是这样，那么（大家）不过是每天跟随文章寻求文义，追赶（完成任务的）期限，没有快乐高兴的时候，恐怕最终也不会有什么收获。

三　人常读书，庶几可以管摄此心，[1]使之常存。横渠有言：[2]"书所以维持此心，一时放下，则一时德性有懈，其何可废？"[3]

【注释】

①管摄：管辖、统摄。

②横渠：指北宋哲学家张载。因徙家陕西凤翔郿县横渠镇，人称"横渠先生"。

③语见《张子全书》卷六。

【翻译】

人们经常读书，才能管辖统摄住自己的内心，使善根常存。横渠先生说："读书是用来维持自己的善心，如果一刻放弃，那么德行就会一刻松懈，（因此）怎么能放弃呢？"

四　初学于"敬"不能无间断，[1]只是才觉间断，便提起此心。只是觉处，便是接续。某要得人只就读书上体认义理，日间常读书，则此心不走作；^②或只去事物中滚，则此心易得汩没。知得如此，便就读书上体认义理，便可唤转来。

【注释】

①敬：按，这里的"敬"当是特指《大学》："诗云：'穆穆文王，于缉熙敬止。'为人君止于仁，为人臣止于敬，为人子止于孝，为人父止于慈，与国人交，止于信。"

②走作：放逸，超出一定的范围。

【翻译】

刚开始学习的人，对于"敬"字，不可能没有短暂的中断。只是才发觉有短暂的中断的时候，就要振作起精神，只要能意识到这点，就是接续了。我只要大家能针对书上所谈论到的来体会认识义理，平常能多读书，那么自己的内心就不会放逸。有的人只知道去沾染外面的世界，那么自己的内心就容易被（物欲所）淹没了。知道这些，就更应该在书上体会认识义理，（这样，即使有偏差，）也容易纠正过来。

五　本心陷溺之久，^①义理浸灌未透，且宜读书穷理，常不间断，则物欲之心自不能胜，而本心之义理自安且固矣。

【注释】

①语见《孟子·告子上》。

【翻译】

（一个人的）本心（如果）陷入沉溺（于物欲）久了，义理还没有浸润浇灌透彻它，就应该多读书穷究义理，使它不至于经常间断，那么对外物追求之心自然就不能战胜（对义理追求之心），而（追求义理的）本心自然也就安稳坚固了。

六　须是存心与读书为一事，^①方得。

【注释】

①存心：保存仁义之心。语见《孟子·离娄下》："君子所以异于人者，以其存心也。君子以仁存心，以礼存心。"

【翻译】

应该把保存仁义之心和读书作为一件事，才行。

七　人心不在躯壳里，^①如何读得圣人之书？只是杜撰凿空说，元与他不相似。

①此如《孟子·告子上》："今夫弈之为数，小数也；不专心致志，则不得也。弈秋，通国之善弈者也。使弈秋诲二人弈，其一人专心致志，惟弈秋之为听。一人虽听之，一心以为有鸿鹄将至，思援弓缴而射之，虽与之俱学，弗若之矣。"喻心不在焉。

【翻译】

一个人的心思不放在自己的身体里，怎么能读圣人的书？（现在的人）只是瞎编或凭空立论，好像一点都和他不相干。

八　读书须将心贴在书册上，逐句逐字，各有着落，方始好商量。大凡学者须是收拾此心，令专静纯一，日用动静间都无驰走散乱，方始看得文字精审。如此方是有本领。

【翻译】

读书的时候，要将自己的心思贴在书本上，（要让书本上的）每一句话，每一个字都有着落，这样才好去深入探讨。总之，学者应该收敛起自己的心，让它专心安静、淳朴单纯，每天一举一动都不放纵散乱，这样看书才能看得精细明白，这样才是有本事。

九　今人看文字，多是以昏怠去看，所以不子细。故学者且于静处收拾教意思在里，然后虚心去看，则其义理未有不明者也。

【翻译】

现在的人读书，多是用昏聩懈怠之心去看，所以不能仔细。学者应该在安静的时候，收敛起自己的心思，然后再虚心地去看，那么义理就没有不能明白的了。

一○　昔陈烈先生苦无记性。①一日读《孟子》"学问之道无他，求其放心而已矣"。②忽悟曰："我心不曾收得，如何记得书？"遂闭门静坐，不读书百余日，以收放心。却去读书，遂一览无遗。

【注释】

①陈烈：宋时隐士，字季慈，福州侯官人。《宋史》卷四百五十八有传。

②见《孟子·告子上》。

【翻译】

从前陈烈先生（读书）苦于自己没有记性。一天，读到《孟子》上说："学问之道没有其他，只是找回自己放逸的心罢了。"忽然醒悟道："我的心从来没有收回来，怎么能记得书上的内容？"于是关门静坐，一连百天都没有读书，以收回放逸的心。（然后）再去读书，只看一遍，（内容）就都能记住而没有遗漏了。

一一　学者读书，多缘"心不在"，^①故不见道理。圣贤言语本自分晓，只略略加意，自见得。若是专心，岂有不见？

【注释】

①《礼记·大学》："所谓修身在正其心者，身有所忿懥，则不得其正；有所恐惧，则不得其正；有所好乐，则不得其正；有所忧患，则不得其正。心不在焉，视而不见，听而不闻，食而不知其味，此谓修身在正其心。"

【翻译】

学者读书，多半是因为心思没用在那里，所以才看不见（书中的）道理。圣贤的话本来很容易明白，只要（我们）稍微用点心，自然就能明白。如果我们专心，哪里有看不明白的？

一二　心不定，故见理不得。今且要读书，须先定其心，使之如止水，如明镜。暗镜如何照物？

【翻译】

心思不能安定下来，所以就不能看见道理。现在要读书，就应该先安定自己的内心，使它像静止的河水，像明亮的镜子一样。暗淡的镜子怎么能辨明物体？

一三　立志不定，如何读书？

【翻译】

志向不坚定，怎么读书呢？

一四　读书有个法，只是刷刮净了那心后去看。若不晓得，又且放下；待它意思好时，又将来看。而今却说要虚心，心如何解虚得？而今正要将心在那上面。

【翻译】

读书有个方法，就是洗刷刮净自己的内心后再去看。如果没读懂，暂时放下，等到自己精神好的时候，再拿出（书）来看。现在有些人说要把内心空着（去读书），心思怎么能空着？正要把心思用在书上面呢。

一五　读书须是要身心都入在这一段里面，更不问外面有何事，方见得一段道理出。如"博学而笃志，切问而近思"，如何却说个"仁在其中"？①盖自家能常常存得此心，莫教走作，则理自然在其中。今人却一边去看文字，一边去思量外事，只是枉费了工夫。不如放下了文字，待打叠教意思静了，却去看。②

【注释】

①语见《论语·子张》："子夏曰：'博学而笃志，切问而近思，仁在其中矣。'"

②按：《朱子语类》卷一百四《自论为学工夫》："今日学者不长进，只是心不在焉。尝记少年时在同安，夜闻钟鼓声，听其一声未绝，而此心已自走作，因此警惧。乃知为学须是专心致志。又言人有一正念，自是分晓。又从旁别生一小念，渐渐放阔去，不可不察。"可与此条互参。

【翻译】

读书要将自己的身子和心思都融入到那一段书里面去，更不要管外面发生了什么事，这才看得出一段道理出来。如（《论语·子张》引子夏说）"学识广博，志向坚定；恳切钻研，切实思考"，为什么最后却说"仁就在这中间呢"？那是因为如果自己常想着这个问题，不让自己的心放逸，那么义理就自然会在中间体现出来。现在的人却是一边去看书，一边去思量其他的事，这样只会白白浪费时间和精力。不如先把书放下，等到把自己的心收拾好，让它安静下来后，再去看。

一六　学者观书多走作者，①亦恐是根本上功夫未齐整。②只是以纷扰杂乱心去看，不曾以湛然凝定心去看。③不若先涵养本原，且将已熟底义理玩味，待其浃洽，然后去看书，便自知只是如此。老苏自述其学为文处有云："取古人之文而读之，始觉其出言用意与己大异。及其久也，读之益精，胸中豁然以明，若人之言固当然者。"④此无他，于学文上功夫有见处，可取以喻今日读书。其功夫亦合如此。又曰："看得一两段，却且放心胸宽闲，不可贪多。"又曰："陆子静尝有旁人读书之说，亦可且如此。"⑤

【注释】

①走作：放逸。

②齐整：完备。

③湛然：安静的样子。

④见苏洵《上欧阳内翰第一书》："然后取古人之文而读之，始觉其出言用意与己大别。时复内顾，自思其才，则又似夫不遂止于是而已者。由是尽烧曩时所为文数百篇，取《论语》《孟子》《韩子》及其他圣人贤人之文而兀然端坐，终日以读之者七八年矣。方其始也，入其中而惶然，博观于其外而骇然以惊；及其久也，读之益精而其胸中豁然以明，若人之言固当然者，然犹未敢自出其言也。"老苏：苏洵。

⑤子静：陆九渊之字。《宋史》卷三百三十四有传。

旁人读书：疑即傍人读书，即贴近他、靠着他来看书。《朱子语类》卷一百十四《训门人》："尝见陆子静说：'且恁地依傍看思之。'此语说得好。公看文字，亦且就分明注解依傍看教熟。待自家意思与他意思相似，自通透。也自有一般人敏捷，都要看过，都会通晓。若不恁地，只是且就晓得处依傍看。如公读《论语》，还当文义晓得了未？若文义未晓得，又且去看。某家如此说，某家如彼说。少间，都搅得一场没理会。尹和靖只是依傍伊川许多说话，只是他也没变化，然是守得定。"可参。

【翻译】

（现在的）学者看书多放逸，恐怕还是根本上的工夫没有完备。只是用纷扰杂乱的心去看，没有用安静淡定专一的心去看。因此，不如先涵养本原，把已经读熟的义理仔细玩味，等到理解周密通顺了后，再去看（其他的）书，就知道（其他的书）也是这个样子。苏洵在讲自己学习写作文章时说："选取古人的文章去阅读，开始觉得（古人）说的话和立意与自己完全不相同。读的时间长久了以后，读得更熟了，胸中也就豁然开朗了，觉得一个人（写文章）本来就应该这样。"这没有其他的什么原因，就是自己在学习写作的精髓上有所领悟罢了，可以用它来说明今天怎样读书，我们今天读书用功也应该这样。又说："（每天可以）只读一两段，把心态放宽，不能贪多。"又说："陆九渊曾经有傍着人来看书的说法，也可以这么说。"

一七　凡人看文字，初看时心尚要走作，道理尚见得未定，犹没奈他何。到看得定时，方入规矩，又只是在印板上面说相似，①都不活。②不活，则受用不得。须是玩味反复，到得熟后，方始会活，方始会动，方有得受用处。若只恁生记去，这道理便死了。③

【注释】

①印板：刻印的板片。

②不活：死，比喻生硬，不通透。

③按：徽州本卷中二二条与此条合作一条，本条作："又曰凡看文字，初看时，心尚走作，道理尚见得未定。到底后，方入规矩。须是又复玩味得熟后，方始会活，方有得受用处。不活，则受用不得。"

【翻译】

一个人读书的时候，刚开始心志还游移不定，道理也不能看得透彻，这也是没有办法的事。等到能安心看时，这才算是入门了。（这时再）看印板印书上的字，还不是活的。不活，就说明自己还没有收获。应该再反复玩索寻味，到了熟悉后，才会觉得书上的字都活起来，好像能动一样，这时才说明自己受益了。如果只是这样生硬地去记，（得到的）就是个死道理。

一八　不可终日思量文字，恐成硬将心去驰逐了，亦须空闲少顷，养精神，又来看。①

【注释】

①按：《陆九渊集》卷三十四《语录》："先生云：学者读书，先于易晓处沉涵熟复，切己致思，则他难晓者涣然冰释矣。若先看难晓处，终不能达。举一学者诗云：读书切戒在荒忙，涵泳工夫兴味长。未晓莫妨权放过，切身须要急思量。自家主宰常精健，逐外精神徒损伤。寄语同游二三子，莫将言语坏天常。"所论颇可与此互参。

【翻译】

不能整天去思索书中（难懂）的文字，那样就成了硬将自己的内心去追逐（书中的文字）了，应该让自己休息一会儿，涵养好精神，再来看。

译者按：此谓读书领悟的过程是个瓜熟蒂落的过程，不应当强作解人。

一九　读书闲暇，且静坐，教他心平气定，见得道理渐次分晓。①这个却是一身总会处。且如看《大学》"在明明德"一句，②须常常提醒在这里。他日长进，亦只在这里。人只是一个心做本，须存得在这里，识得他条理脉络，自有贯通处。③

【注释】

①按：此句下原注："季札录云：庶几心平气和，可以思索义理。"

②《礼记·大学》："大学之道，在明明德，在亲民，在止于至善。"

③按：此句下原注："季札录云：问：'伊川见人静坐，如何便叹其善学？'曰：'这却是一个总要处。'又云：'《大学》"在明明德"一句，当常常提撕。能如此，便有进步处。盖其原自此发见。人只一心为本，存得此心，于事物方知有脉络贯通处。'"

【翻译】

读书空闲的时候，不妨静坐下来，让自己心平气和，把自己领悟到的道理一个接一个仔细思索，这是总结汇合自己所学内容的时候。比如看《大学》"在明明德"那句时，要时时在这里提醒自己，将来（自己）长进的地方，就在这里。一个人只要一门心思（地把一件事）作为根本，就要（时时地把自己的心）存留在这里，看得清它的脉络顺序，将来自然有贯通的时候。

二〇　大凡读书，且要读，不可只管思。口中读，则心中闲，而义理自出。某之始学亦如是尔，更无别法。

【翻译】

大凡读书，先要去读，不能只是思考。嘴巴在读，那么心就能闲下来，（书中的）义理自然就能思索出来。我刚开始学习的时候就是这样，更没有其他方法。

二一　"学者读书，须要敛身正坐，① 缓视微吟，虚心涵泳，切己省察。"又云："读一句书，须体察这一句，我将来甚处用得。"又云："文字是底固当看，不是底也当看；精底固当看，粗底也当看。"

【注释】

①敛身正坐：收敛起身子端正地坐着。即正襟危坐的意思。

【翻译】

（先生说：）"学者读书，应该正襟危坐，慢慢地浏览，轻轻地吟诵，静下心来寻味书中的意思，并结合自己的情况来领悟考察。"（先生）又说："读了书上的一句话，就要体会考察这一句话，（想想）我将来在什么地方会用上。"（先生）又说："书中对的，固然应当看，不对的也应当看。讲得精到的固然应当看，讲得粗疏的也应当看。"

二二　读书须是虚心切己。虚心，方能得圣贤意；切己，则圣贤之言不为虚说。

【翻译】

读书的时候，应该先放下自己的想法（来容纳别人的意见），联系自身（来体会）。只有先放下自己的想法，才能明白圣贤的真意；只有联系自身，圣贤的教导才不会成为空话。

二三　"看文字须是虚心，莫先立己意，少刻都错了。"①又曰："虚心切己。虚心，则见道理明；切己，自然体认得出。"

【注释】

①《朱子语类》卷一百四《自论为学工夫》："某所以读书自觉得力者，只是不先立论。"可与此条互参。

【翻译】

（先生说:）"读书要虚心，不要先确立自己的观点，过一会儿（就知道自己）都错了。"（先生）又说："（读书的时候）要虚心（来容纳别人的意见），联系自身（来体会）。虚心，才能看清道理；联系自己，自然能体会认识得出来。"

二四　圣人言语，皆天理自然，本坦易明白在那里。只被人不虚心去看，只管外面捉摸，及看不得，便将自己身上一般意思说出，把做圣人意思。①

【注释】

①把做：当作。

【翻译】

圣人的话，都像天然的纹理般自然，本来都是非常平易明白地摆在那里。只因为现在的人不虚心去读，只管在外面瞎琢磨，等到读不下去了，就把自己身上非常一般的意思说出来，把它当作圣人的意思。

二五　圣贤言语，当虚心看，不可先自立说去撑住，便㖞斜了。①不读书者，固不足论；读书者，病又如此。

【注释】

①㖞（wāi）斜：歪斜。

【翻译】

圣贤的话，我们应当虚心地去看，不能自己先确立一个观点去硬撑，（那样）就歪斜了。不读书的人，固然不值得去谈论（他们），读书的人也有这个毛病（，就不应该了）。

二六　凡看书，须虚心看，不要先立说。看一段有下落了，然后又看一段。须如人受词讼，听其说尽，然后方可决断。

【翻译】

大凡看书，应该虚心去看，不要自己先入为主地确立一个观点。把一段文字都看完有着落后，然后再接着看第二段。要像听人诉讼一样，要等别人把话说完，这之后，才能做决定。

二七　看前人文字，未得其意，便容易立说，[①]殊害事。盖既不得正理，又枉费心力。不若虚心静看，即涵养究索之功，一举而两得之也。

【注释】

①容易：轻易。

【翻译】

（有些人）读前人的书，在没有了解别人真实的意思之前，就轻易确立自己的观点，最坏事了。这样做，既得不到正确的义理，又白白地浪费了自己的时间和精力。不如先心平气和地去看，这样才能收到涵养研索的功效，做一件事而使两方面都受益。

二八　大抵义理，须是且虚心，随他本文正意看。[①]

【注释】

①正意：本意。

【翻译】

大抵研究义理，应该首先虚心，跟随书中正文的意思去看。

二九 读书遇难处，且须虚心搜讨意思，有时有思绎底事，却去无思量处得。①

【注释】

①按：《陆九渊集》卷三十四《语录上》："学者不可用心太紧，深山有宝，无心于宝者得之。"与此条可互参。

【翻译】

读书遇到疑难的地方，应当虚心搜寻研索其中的意思。有时成天思考（无法想通）的问题，反而在不思考的时候明白了。

译者按：此如俗语所谓："有意栽花花不发，无心插柳柳成荫。"

三〇 问："如先生所言，推求经义，将来到底还别有见处否？"①曰："若说如释氏之言有'他心通'，②则无也。但只见得合如此尔。"再问："所说'寻求义理，仍须虚心观之'，不知如何是虚心？"曰："须退一步思量。"次日，又问退一步思量之旨。曰："从来不曾如此做工夫，'后'亦自难说。今人观书，先自立了意后方观，尽率古人语言入做自家意思中来。如此，只是推广得自家意思，如何见得古人意思！须得退步者，不要自作意思，只虚此心将古人语言放前面，看他意思倒杀向何处去。如此玩心，③方可得古人意，有长进处。且如《孟子》说《诗》要'以意逆志，是为得之'。④逆者，等待之谓也。如前途等待一人，未来时且须耐心等待，将来自有来时候。他未来，其心急切，又要进前寻求，却不是'以意逆志'，是'以意捉志'也。如此，只是牵率古人言语，入做自家意中来，终无进益。"

【注释】

①别有见处：其他的，不同于注疏之外的观点和见解。

②他心通：佛教中所说的五神通之一（即天眼通、天耳通、他心通、宿命通、如意通），能够知道他人一切心想的神通，相当于十智中的他心智。

③玩心：专心。

④《孟子·万章上》："故说《诗》者，不以文害辞，不以辞害志。以意逆志，是为得之。"朱熹《四书章句集注》："言说《诗》之法，不可以一字而害一句之义，不可以一句而害设辞之志，当以己意迎取作者之志，乃可

得之。"

【翻译】

有人问："按照先生的说法，（我们）在寻求经义的时候，将来（到底还能不能除了前人的注释的观点之外，）再得出一些其他的观点和见解？"（先生）说："你如果说的是具有佛家所谓他心通（的能力），那肯定是不可能的。（我们研读经义，）只是要看明白它就是应该这样。"接着问："（先生）说寻求义理的时候，要虚心地观看。不知怎样才是虚心啊？"（先生）说："就是思考问题的时候，先后退一步。"第二天，（学生）又问后退一步思考的意思是什么。（先生）说："从来没有下过这种工夫，这个'后'字也很难解释。（只不过）现在的人看书，（总喜欢）自己先有了个观点再读，让古人的意思都到自己的观点中来（印证自己），这样，只不过成了推广自己的观点（看古人有哪些观点可以佐证自己）了，这怎么是研究古人的见解呢？（我说的）退后一步思考的意思，就是不要自己先入为主，只是先虚下心来把古人书中的文字放在前面，看它的意思是指向何方，这样专心致志，才能明白古人的意思，也才能使自己有长进。如《孟子》说读《诗经》的时候，要'以意逆志，是为得之'。'逆'就是等待（在那里）的意思。好比你在路上等待前面过来的人，他还没有来的时候，你只管（在那里）耐心等待，将来他自有到的时候。他没有来，你心里着急，要跑到前面去寻找，这就不是'以意逆志'，而是'以意捉志'了。这样，就成了把古人的意思牵合到自己的观点中来，终究是没有成效的。"

三一　某尝见人云：①"大凡心不公底人，读书不得。今看来，是如此。如解说圣经，②一向都不有自家身己，全然虚心，只把他道理自看其是非。恁地看文字，犹更自有牵于旧习，失点检处。③全然把一己私意去看圣贤之书，如何看得出？"

【注释】

①见：听。

②圣经：圣人所著的经典。

③点检：检省。

【翻译】

我曾经听人说："内心不公正平和的人，不能读书。现在看来，确实是这样。好比解说圣贤经典（的时候），一点都不能有自己（的私意），完全放下自己的主观看法，只是根据他们说的道理来判定（当时的）是非。就算是这样读书，都还要担心自己被旧的积习所牵，失去检省的时候。（而现在的一些人，）却是完全用自己的私意去看圣贤的书，这样怎么能看得出（圣贤的心意)？"

三二　或问:"看文字为众说杂乱,如何?"曰:"且要虚心,逐一说看去,看得一说,却又看一说。看来看去,是非长短,皆自分明。譬如人欲知一个人是好人,是恶人,且随他去看。随来随去,见他言语动作,便自知他好恶。"又曰:"只要虚心。"又云:"濯去旧闻,以来新见。"①

【注释】

①此处语意当本张载。《张子全书》卷七:"义理有疑,则濯去旧见,以来新意。心中苟有所开,即便札记,不思则还塞之矣。更须得朋友之助。"又卷十一:"义理有碍,则濯去旧见,以来新意。"

【翻译】

有人问:"我们读书的时候,(经常遇到)各家说法纷繁错杂,互有歧异,这怎么办?"(先生)说:"暂且先放下自己的观点,逐个去看(各家的说法),看完一人的说法,再去看另一人的说法。看过来看过去,(他们)说得正确的,说得错误的,他们的长处和短处,就都清楚了。好比我们要了解一个人是好人还是坏人,就只管跟随他去观察,观察过来,观察过去,看他说的话做的事,就知道他是好人还是坏人了。"接着又说:"只管虚下心。"又(引张载的话)说:"(只有)洗涤去(自己)旧有的观点,才会迎来新的见解。"

三三　观书，当平心以观之。大抵看书不可穿凿，看从分明处，不可寻从隐僻处去。圣贤之言，多是与人说话。若是峣崎，^①却教当时人如何晓？

【注释】

①峣崎：不平貌。这里指佶屈聱牙。

【翻译】

看书，应当心平气和地看。大抵看书不能穿凿附会，先从明白清楚的地方看起，不要从隐晦生僻的地方看起。（经典中所记载的）圣贤所说的言语，多是（当时）和人的谈话。如果佶屈聱牙，那叫当时的人怎么明白？

三四　观书须静着心，宽着意思，^①沉潜反复，将久自会晓得去。

【注释】

①宽着意思：犹言放宽心。就是前面反复提到的"虚心"，能容纳别人的观点，而不是用自己的看法来衡量前人的看法。

【翻译】

读书要静下心来，放宽心胸，反复沉潜其中，时间长了自然就能明白了。

三五　放宽心，以他说看他说，以物观物，无以己观物。

【翻译】

放宽着心，用他的观点来衡量他的观点，用万事万物来印证万事万物，不要用自己的主观看法来评判外在的事物。

三六　以书观书，以物观物，不可先立己见。

【翻译】

用书本去印证书本，用事物去印证事物，自己不要忙着先确立观点。

三七　读书，须要切己体验，不可只作文字看，又不可助长。

【翻译】

读书，要切实联系自己体会验证，不能只当成文字来读，又不能拔苗助长。

三八　学者当以圣贤之言反求诸身，①一一体察，须是晓然无疑。^②积日既久，当自有见。但恐用意不精，或贪多务广，或得少为足，则无由明耳。

【注释】

①《孟子·离娄上》："孟子曰：'爱人不亲，反其仁；治人不治，反其智；礼人不答，反其敬。行有不得者，皆反求诸己，其身正而天下归之。'"

②晓然：明白貌。

【翻译】

学者应当用圣贤的观点来衡量检查自己，一一详细地加以体验考察，要（做到）明白无疑。一天一天的累积久了，自然产生见解。但是我还担心（现在的学者）用心不够专一，或者一味贪多，追求广博，或者知道一点就感到满足，这样就始终没有办法明白事理了。

三九　读书，不可只专就纸上求义理，须反来就自家身上^①推究。秦汉以后无人说到此，亦只是一向去书册上求，不就自家身上理会。自家见未到，圣人先说在那里。自家只借他言语来就身上推究，始得。

【注释】

①原文后有注："以手自指。"

【翻译】

读书，不能只一味地在故纸上寻求义理，要反过来联系自身来推寻探究。秦汉以后就没有人说到这点了，只是一味地在书本上去寻求，不从自身上去理解体会。（你）自己的见解没到那个程度，圣人早说在那里，自己就要借助他们的观点在自身上推究，这样才行。

四〇　今人读书，多不就切己上体察，但于纸上看，文义上说得去便了。如此，济得甚事！"'何必读书，然后为学？'子曰：'是故恶夫佞者！'"①古人亦须读书始得。但古人读书，将以求道。不然，读作何用？今人不去这上理会道理，皆以涉猎该博为能，所以有道学、俗学之别。②因提案上药囊起，曰："如合药，③便要治病，终不成合在此看。如此于病何补？文字浩瀚，难看亦难记。将己晓得底体在身上，却是自家易晓易做底事。解经已是不得已，若只就注解上说，将来何济！如画那人一般，画底却识得那人。别人不识，须因这画去求那人，始得。今便以画唤做那人，不得。"

【注释】

①《论语·先进》："子路使子羔为费宰，子曰：'贼夫人之子。'子路曰：'有民人焉，有社稷焉，何必读书，然后为学？'子曰：'是故恶夫佞者。'"

②道学、俗学：这里指以务在闻道为目的的学问和以世俗应用博取功名为目的的方法。

③合药：汇集、调和、配制成药剂。

【翻译】

现在的人读书，多不肯联系自身体验考察，只是在纸上看，（能把）文章（上的）意思读得过去就算了。像这样，能有什么用？（子路曾说:）"为什么一定要读书，才算学习呢？"孔子（批评）道："我厌恶花言巧语、强词狡辩的人。"古人都需读书才行，但古人读书的目的，是为了求道。不然，读书干什么呢？现在的人不在这方面去理解体会，只是一味地把涉猎广博作为能事，所以这才有道学和俗学的区别。（先生）接着提起书案上的药囊说："比如配制成药，就要能治病，总不能配制成药后放在这里给人看！这样对于治病有什么用？（古今流传下来的）文字繁多，很难看完，也很难去记，把自己理解的那些内容在自己身上体会，（就知道）都是些自己容易懂容易去做的事。解释经书已经是迫不得已的事了，如果只是在注释上讲来讲去，将来有什么用？好像画一个人一样，画画的认识那个人，别人不认识，要靠这幅画去找到那个人，才行。现在就把画上的人当成那个人，不行。"

四一　或问读书工夫。曰："这事如今似难说。如世上一等人说道不须就书册上理会，①此固是不得。然一向就书册上理会，②不曾体认着自家身己，也不济事。如说'仁''义''礼''智'，曾认得自家如何是'仁'？自家如何是'义'？如何是'礼'？如何是'智'？须是着身己体认得。如读'学而时习之'，③自家曾如何'学'？自家曾如何'习'？'不亦说乎'，曾见得如何是'说'？须恁地认，始得。若只逐段解过去，解得了便休，也不济事。如世上一等说话，谓不消得读书，不消理会，别自有个觉处，有个悟处，这个是不得。若只恁地读书，只恁地理会，又何益?"

【注释】

①一等：一种。

②一向：一直。

③语见《论语·述而》。

【翻译】

有人问读书的方法。（先生）说："这个事情很难讲。世上有一种人说根本不需要从书册上去理解体会，这固然不行。但只一味地在书上理解体会，不从自己身上去体验认识，也不行。如（圣人）说'仁''义''礼''智'，我们可明白自己怎样去做才是'仁'？怎样去做才是'义'？怎样去做才是'礼'？怎样去做才是'智'？这些都要我们自己去体会认识。又比如（我们）读（《论语》）'学而时习之'章，就要联系自己该怎么样去'学'，自己该怎么样去'习'，'不亦说乎'是为什么而感到高兴？要这样（一个一个地）去体验认识，才行。如果只是一段一段地理解过去，理解了就完了，也不管用。如世上有那么一种人，说不需要读书，不需要去理解体会，另外有个觉醒的时候、有个明白的时候，这肯定不对。而如果只是那样读书，那样去理解体会，又有什么用？"

四二　学须做自家底看，便见切己。今人读书，只要科举用。已及第，①则为杂文用，②其高者，则为古人用，皆做外面看。

【注释】

①及第：科举应试中选。因榜上题名有甲乙次第，故名。隋唐只用于考中进士，明清殿试之一甲三名称赐进士及第，亦省称及第。

②杂文：指无关维系世道人心、经时济世的文章。

【翻译】

学习的时候，要把（前人的文章）当成自己的看待，这样才能切合自己。现在的人读书，只是为了应付科举考试使用。等到已经考中了，（学习）就是为了写作杂文需要，其中写得好的，不过是被古人所用，都是想做表面的文章给别人看。

四三　读书之法，有大本大原处，有大纲大目处，又有逐事上理会处，又其次则解释文义。

【翻译】

读书的方法，有的是要在（书中）大的根本、大的源头处去理解体会，有的是要在大的纲目和大的关节处去理解体会，还有的是要一件事一件事地去理解体会，最次的是（一句一句、一个字一个字地）去解释文中的意思。

四四　玩索、穷究不可一废。

【翻译】

玩味思索，穷尽探究，两者不能偏废。

四五　或问读书未知统要。①曰："统要如何便会知得？近来学者，有一种则舍去册子，却欲于一言半句上便要见道理；又有一种则一向泛滥不知归着处，②此皆非知学者。须要熟看熟思，久久之间，自然见个道理四停八当，③而所谓统要者自在其中矣。"

【注释】

①统要：头绪、要领。

②归着：归依、着落。

③四停八当：即"停当"。指妥帖、稳当。犹今人所谓四平八稳。"四""八"这里都是语缀，无义。

【翻译】

有人问读书不知道头绪要领，（怎么办？）（先生）说："（学问的）头绪要领怎么可能一下就知道？近来有一些学者丢下书本（不去读），却想在一言半句上就明白道理；还有一些学者胡乱涉猎，没有归宿，这些都不是了解学问的人。要反复去看，反复思考，时间长了，自然就能把一个道理理解得妥帖稳当，而学问的头绪要领，也就在这中间了。"

四六　凡看文字，专看细密处，而遗却缓急之间者，①固不可；专看缓急之间，而遗却细密者，亦不可。今日之看，所以为他日之用，须思量所以看者何为，非只是空就言语上理会得多而已也。譬如拭桌子，只拭中心，亦不可；但拭四弦，亦不可。须是切己用功，使将来自得之于心，则视言语诚如糟粕。②然今不可便视为糟粕也，但当自期向到彼田地尔。

【注释】

①缓急：平缓。指不是紧要、非关键的地方。急，这里无义。

②按：此暗用《庄子》典故。《庄子·天道》："桓公读书于堂上，轮扁斫轮于堂下，释椎凿而上，问桓公曰：'敢问公之所读为何言邪？'公曰：'圣人之言也。'曰：'圣人在乎？'公曰：'已死矣。'曰：'然则君之所读者，古人之糟粕已夫。'桓公曰：'寡人读书，轮人安得议乎！有说则可，无说则死。'轮扁曰：'臣也以臣之事观之。斫轮徐，则甘而不固；疾则苦而不入；不徐不疾，得之于手而应于心，口不能言，有数存焉于其间。臣不能以喻臣之子，臣之子亦不能受之于臣。是以行年七十而老斫轮，古之人与其不可传也死矣，然则君之所读者，古人之糟粕已夫。'"这里用来指能透过言语而得其思想之精髓。

【翻译】

大凡读书，只看（书中）精彩细密的部分，而丢开其中平实疏缓的部分（不读），固然不行。只看（书中）平实舒缓的部分，而丢开（其中）精彩细密的部分，也不行。今天看书，是为了将来的应用，要多想想读书到底是为了做什么，不是光在语言上理解体会多就行了。比如擦桌子，只擦中间，不行；只擦四边，也不行。应当联系自己下工夫，使将来自己真正有所得，（那个时候）

再看书中的文字，真的确实如糟粕啊。不过现在还不能把它当成糟粕，但是应当期望自己能达到那个境地。

四七　学者有所闻，须便行，[①]始得。若得一书，须便读便思便行，岂可又安排停待而后下手?[②]且如得一片纸，便来一片纸上道理行之，可也。

【注释】

①《论语·先进》："子路问：'闻斯行诸?'子曰：'有父兄在，如之何其闻斯行之?'冉有问：'闻斯行诸?'子曰：'闻斯行之。'公西华曰：'由也问闻斯行诸，子曰"有父兄在"；求也问闻斯行诸，子曰"闻斯行之"。赤也惑，敢问?'子曰：'求也退，故进之；由也兼人，故退之。'"此暗用。

②安排停待：安排完毕，指读完。下手：动手。

【翻译】

学者听到一件事（该去做），就应该行动，这样才对。如果得到一本书，就应当一边阅读、一边思考、一边奉行，怎么能等都读完了才开始行动? 就是看完一页纸，也应根据这张纸上讲的道理去做，这样才行。

四八　读书便是做事。凡做事，有是非，有得失。善处事者，不过称量其轻重耳。[①]读书而讲究其义理，判别其是非，临事即此理。

【注释】

①称量：权衡。

【翻译】

读书就是做事。大凡做事，就有对有错，有得有失。善于处理各种事物的人，不过是能权衡（各种事物的）轻重缓急罢了。（如果）读书的时候能讲求探究其中的义理，判断分别其中的是非，遇到事情，就（自然）知道怎么应用这些道理。

四九　真理会得底，便道真理会得；真理会不得底，便道真理会不得。真理会得底固不可忘，真理会不得底，须看那处有碍。须记那紧要处，常勿忘。所谓"智者利仁"，①方其求时，心固在此；不求时，心亦在此。

【注释】

①见《礼记·表记》："仁者安仁，知者利仁，畏罪者强仁。"意思是说，仁义的人安心行仁，智慧的人为求利益而行仁，畏惧法律的人被迫行仁。

【翻译】

（自己）真正理解领会了的，就说自己真正理解领会了；确实没理解领会，就说（自己）确实没理解领会。真正理解领会的，固然不能忘记，确实没理解领会的，也要看看是哪个地方没理解领会。要牢记书中关键重要的地方，不要忘记。所谓"智慧的人为求利益而行仁"，当他追求的时候，心思在这里；当他没追求的时候，心思也在这里。

五〇　学得此事了，不可自以为了，恐怠意生。如读得此书，须终身记之。

【翻译】

学完这件事，不能就认为结束了，那样恐怕会产生懈怠。如果已经读完这本书，就要终身记住它。

五一　读书"推类""反求"，①固不害为切己，但却又添了一重事。不若且依文看，逐处各自见个道理。久之，自然贯通，不须如此费力也。

【注释】

①推类：理学家常用语，指触类旁通，推己及人。反求：语本《孟子·离娄上》："行有不得者，皆反求诸己。其身正，而天下归之。"意谓用要求别人奉行的仁、智、敬等标准衡量自己。

【翻译】

读书的时候去"推类""反求"，固然不失为切合自己，但是却又额外增加了一件事。不如先依照书中的文字去看，一个地方一个地方去明白道理。时间长了，自己就能（把各个道理）贯串联系起来，不必格外花费很多力气了。

五二　学者理会文义，只是要先理会难底，遂至于易者亦不能晓。《学记》曰："善问者如攻坚木，先其易者，后其节目。"① 所谓"攻瑕则坚者，瑕；攻坚则瑕者，坚"。② 不知道理好处又却多在平易处。

【注释】

①语见《礼记·学记》。

②宋苏洵《嘉祐集》卷二《权书》："管仲曰：'攻坚，则瑕者坚；攻瑕，则坚者瑕。'呜呼不从其瑕而攻之，天下皆强敌也。"按：《管子·制分篇》："故善用兵者……攻坚，则瑕者坚；乘瑕，则坚者瑕。故坚其坚者，瑕其瑕者。"唐房玄龄注："瑕谓虚脆也。""所攻虽坚能令脆者，则以士卒坚强故也。""所乘虽脆却为坚者，则以士卒脆弱故也。"

【翻译】

（有的）学者在理解体会文义的时候，只是先去理解体会书中那些困难的地方，以致于书中那些容易的地方也不明白。《学记》说得好："善于学习的人就像劈木材一样，先去劈那些容易的地方，再劈树节。"《管子》说："先攻击对方薄弱的地方，那么对方坚固的地方也会变得薄弱；先攻击对方坚固的地方，那么对方薄弱的地方也会变得坚固。"（现在的学者）不知道（一本书）道理精妙的地方多在平实浅易的地方。

五三　只看自家底，不是自家底，枉了思量。①

【注释】

①按：《朱子语类》卷一百二十五《老庄列子》："大凡看文字，只看自家，心下先自偏曲了。看人说甚么事，都只入这意来。如大路看不见，只行下偏蹊曲径去。如分明大字不看，却只看从罅缝四旁处去。如字写在上面不看，却就字背后面看。如人眼自花了，看见眼前物事都差了，便说道只恁地。"似可与此条相参。

【翻译】

只看自己的，终究不会是属于自己的，白白浪费了思考。

译者按：此句语意费解，姑且如此翻译。臆谓朱熹是说一个人读书的时候，不能光主观臆测，还应当参照他人的说法，以正定自己的理解的是非正误。可参本卷六一。

五四　凡读书，且须从一条正路直去。四面虽有可观，不妨一看，然非是紧要。①

【注释】

①按：可参卷中五九。

【翻译】

读书，就应该沿着一条大路笔直走下去。四面虽有值得一看（的景物），不妨看一下，但那不是（自己）最重要、最迫切的。

译者按：这里是说学习要围绕着一条主线，不能杂涉多端。

五五　看书不由直路，只管枝蔓，便于本意不亲切。①

【注释】

①亲切：切合、贴近。

【翻译】

看书不走直路，只管去纠缠些细枝末节的地方，就和本意不贴切了。

五六　看文字不可相妨，^①须各自逐一着地头看他指意。^②若牵窒着，则件件相碍矣。

【注释】

①相妨：互相妨碍。犹今人所谓胡子眉毛一把抓，不分主次、没有头绪地乱读一气。

②指意：旨意。

【翻译】

看书，不能互相牵扯，应该各自一件一件地理清好后，再看它的旨意。如果牵扯在一起，则书中每件事情都要互相妨碍了。

五七　看文字，且逐条看。各是一事，不相牵合。

【翻译】

读书，要一条一条地去看，各是一回事，不要互相牵扯在一起。

五八　读书要周遍平正。

【翻译】

读书要周到全面，平实公正。

五九　"看文字不可落于偏僻，①须是周匝。看得四通八达，无些窒碍，方有进益。"又云："某解《语》《孟》，训诂皆存。学者观书，不可只看紧要处，闲慢处要都周匝。今说'求放心'，②未问其它，只此便是'博学而笃志，切问而近思，仁在其中矣'。③'博学而笃志，切问近思'，方是读书，却说'仁在其中'，盖此便是'求放心'也。"

【注释】

①偏僻：即本卷五四所说"不由直路"，今人所谓钻牛角尖。

②《孟子·告子上》："学问之道无他，求其放心而已矣。"

③《论语·子张》："子夏曰：'博学而笃志，切问而近思，仁在其中矣。'"

【翻译】

（先生说：）"读书，不能（把眼光）落在片面、乖僻的地方，要周到、全面。要让（自己的见解）四处畅通，各处直达，没有一点窒塞阻碍（的地方），这样才能有进步！"又说："我以前注解《论语》《孟子》，（对书中字句的）解释都保存了。学者读书，不能只去看其中要紧的地方，看似无关紧要的地方也要周密细致。（孟子）现在也只是说寻找那放逸的心，没有说其他，这个就是（子夏说的）'学问广博，志向坚定，急迫钻研，切实思考，仁就在这中间了'。'学问广博，志向坚定，急迫钻研，切实思考'，这只是读书，（子夏）却要说仁就在这中间，因为这就是寻找放逸的心。"

六〇　看文字，且依本句，不要添字。^①那里元有缝罅，如盒子相似，^②自家只去抉开。不是浑沦底物，硬去凿。不可先立说，牵古人意来凑。如"逆诈""亿""不信"与"先觉"之辨：^③逆诈，是那人不曾诈我，先去揣摩道，那人必是诈我；"亿""不信"，是那人未有不信意，便道那人必是不信；"先觉"，则分明见得那人已诈我，不信我。如高祖"知人善任使"，^④是分明见其才耳。

【注释】

①不要添字：不要增添出原文没有的意思，后人又叫作"添字解经"。

②指盒子虽有上下盖密合，然上下盖间也有缝隙。

③逆诈、亿、不信：见《论语·宪问》："子曰：'不逆诈、不亿、不信，抑亦先觉者，是贤乎？'"

④高祖：指汉高祖刘邦。语见《汉书·叙传》："盖在高祖，其兴也有五：一曰帝尧之苗裔，二曰体貌多奇异，三曰神武有征应，四曰宽明而仁恕，五曰知人善任使。"

【翻译】

看书，要按照（书上）本来的语句（去理解），不要添加出（书中没有的）文字。书中本来就有缝隙，像盒子一样，你只管去打开。而不是一个完整的东西，要（你）生硬地去凿开。（学者）不能先建立起一个观点，（然后）牵合古人的意思来强凑合自己。比如《论语》中说到的）"逆诈""亿""不信"和"先觉"之间的区别："逆诈"是那人还没有欺骗我，（我）先去揣摩说，那个人一定会欺骗我；"亿""不信"是那人还没有不诚信的地方，就说那人一定是不诚信的；"先觉"是已经清楚地发现那个人在欺骗我，不信我。好比汉高祖了解一个人，善于（根据一个人的能力和特长）赋予他一定的使命和责任，就是（因为已经）清楚地发现了他的才能啊。

六一　读书若有所见，未必便是，不可便执着。且放在一边，益更读书，以来新见。若执着一见，则此心便被此见遮蔽了。譬如一片净洁田地，若上面才安一物，便须有遮蔽了处。圣人七通八达，事事说到极致处。学者须是多读书，使互相发明，事事穷到极致处。所谓"本诸身，征诸庶民，考诸三王而不缪，建诸天地而不悖，质诸鬼神而无疑，百世以俟圣人而不惑"。[①]直到这个田地，方是。《语》云："执德不弘。"[②]《易》云："宽以居之。"[③]圣人多说个广大宽洪之意，学者要须体之。

【注释】

①《礼记·中庸》：“故君子之道本诸身，征诸庶民，考诸三王而不谬，建诸天地而不悖，质诸鬼神而无疑，百世以俟圣人而不惑。”

②见《论语·子张》，可参卷上一四一注②。

③《周易·乾卦》：“君子学以聚之，问以辨之，宽以居之，仁以行之。”

【翻译】

读书，如果（自己）有了见解，不一定就是正确的，（因此）不能偏执。不妨暂且把它放在一边，再去多读书，看能不能生发出新的见解。如果偏执地株守于一个见解，（容不得其他人或新的看法和观点，）那么自己的心就是被这个见解蒙蔽了。比如一片干净整洁的土地，如果上面放了一个东西，就会有被遮蔽了的地方。圣人（的学问）没有不贯通的，每件事都说到了极致。学者应该多读点书，使（圣人所阐述的各个事物之间的义理）能互相发明，每件事都去穷究到极致。要像《礼记·中庸》上说的那样，“做到从自身做起，证明给百姓看，用三代君王的言行来考察自己而没有错误，立身于天地之间而不违背（天理），用鬼神来验证（自己）也无可怀疑，等到百世之后的圣人来评判也不会困惑”。只有做到这个地步，才行。《论语》上说：“（一个人）执守德行却不能光大，（这怎么能行？）"《易》说："心胸宽广，居处于合适的位置。"圣人很多时候说的是个笼统的意思，学者要去细心体会它。

六二　看书不可将自己见硬参入去。须是除了自己所见，看他册子上古人意思如何。如程先生解"直方大"，①乃引《孟子》。虽是程先生言，毕竟迫切。

【注释】

①此指程颐《伊川易传》卷一释《周易·上经》"六二：直方大，不习无不利"引《孟子·公孙丑上》"其为气也，至大至刚"。

【翻译】

读书，不能把自己的见解生硬地掺杂进去。应该先尽力摒除自己的主观看法，看书上古人的意思是怎样说的。比如程先生解释《易经》中的"直方大"，竟然引用《孟子》中的话。虽然是程先生说的，毕竟生硬了点。

六三　看文字先有意见，恐只是私意。谓如粗厉者观书，①必以勇果强毅为主；②柔善者观书，必以慈祥宽厚为主，书中何所不有？

①粗厉：粗豪暴戾。

②勇果：勇敢果断。《荀子·大略》："疏知而不法，察辨而操僻，勇果而亡礼，君子之所憎恶也。"

【翻译】

读书的时候，先有个主观见解，这恐怕只是一己之私见。比如说一个粗豪暴戾的人读书，（他）一定会把书中勇敢果断、刚强坚毅方面的内容当成最重要的；一个柔顺善良的人读书，他一定会把书中慈祥宽厚的内容当成最重要的，（其实）书中什么样的内容没有？

六四　凡读书，先须晓得他底言词了，然后看其说于理当否？当于理，则是；背于理，则非。今人多是心下先有一个意思了，却将他人说话来说自家底意思，其有不合者，则硬穿凿之使合。

【翻译】

大凡读书，一定要先弄清楚他说的话的意思，然后再看他说的话是不是符合义理。符合义理，就是对的；违背义理，就是错的。现在的人多是自己心里先有一个看法，再借别人的话来说自己的意思，有（和自己）不符合的，就生搬硬套地去穿凿，使它吻合。

六五　学者不可用己意迁就圣贤之言。

【翻译】

学者不能用自己的私意去牵合圣贤的话。

六六　读书如问人事一般，欲知彼事，须问彼人。今却不问其人，只以己意料度，①谓必是如此。

【注释】

①料度：估计、忖度。

【翻译】

读书就如问一个人事情样，要知道那个事情，就要去问那个人。现在（的人）不去问那个人，只凭自己的私意揣度，认为一定是这样。

六七　看人文字，不可随声迁就。①我见得是处，方可信。须沉潜玩绎，方有见处。不然，人说沙可做饭，我也说沙可做饭，如何可吃？②

【注释】

①随声迁就：犹随声附和。

②按：朱熹这里是用了佛经中的典故。《楞严经》卷六："是故阿难若不断淫，修禅定者，如蒸沙石，欲其成

饭，经千百劫，只名热沙。何以故？此非饭，本沙石故。"宋黄庭坚《送王郎》："炊砂作糜终不饱，镂冰文章费工巧。"

【翻译】

看他人的著作，不可随声附和，（要）自己确实看见了其中说得正确，才能相信。要沉浸其中潜心玩味，这才能有领悟的地方。如果不是这样，别人说沙可以当饭，我也（跟着人家）说沙可以当饭，（这样的）饭怎么能吃？

六八　大凡读书，不要般涉。^①但温寻旧底不妨，不可将新底来搀。^②

【注释】

①般涉：犹杂涉。般：大、多。

②按：此可与卷中八三互参。

【翻译】

大凡读书，不要一下涉猎得太多，先不妨温习已经学过的知识，（旧的知识没掌握前，）不要把新的知识搀杂进来。

六九　文字不可硬说，但当习熟，渐渐分明。

【翻译】

（书中不理解的）文字不能生硬地去解说，只能反复熟悉，让自己慢慢地弄清楚。

七〇　凡看圣贤，言语不要迫得太紧。①

【注释】

①　即本卷七二所谓退步看，难以理解的地方，先搁置起来，不要忙于很快就得出答案。

【翻译】

大凡读圣贤（的书），（理解）文字时不能过于急切。

七一　大凡看文字要急迫不得，有疑处，且渐渐思量。若一下便要理会，也无此理。

【翻译】

大凡看书的时候，不要太过急切，有疑问的地方，要先慢慢思考。如果希望一下子就能理解体会清楚，也没有这个道理。

七二　看文字，须是退步看，方可见得。若一向近前迫看，反为所遮蔽，转不见矣。①

①按：徽州本此条前有"诲力行曰"四字。又《朱子语类》卷十九："人读书，不得揽前去，下梢必无所得。如理会《论语》，只得理会《论语》，不得存心在《孟子》；如理会《里仁》一篇，且逐章相挨理会了，然后从《公冶长》理会去。如此便是。"

【翻译】

读书，应该退后一步，这样才能看清作者的本意。如果一直朝前赶，急切地去看，反而会被它所蒙蔽，看不清了。

七三　学者观书，病在只要向前，不肯退步看。愈向前，愈看得不分晓。不若退步，却看得审。大概病在执着，不肯放下。正如听讼，心先有主张乙底意思，①便只寻甲底不是；先有主张甲底意思，便只见乙底不是。不若姑置甲乙之说，徐徐观之，方能辨其曲直。横渠云："濯去旧见，以来新意。"②此说甚当。若不濯去旧见，何处得新意来？今学者有二种病：一是主私意，一是旧有先入之说。虽欲摆脱，亦被他自来相寻。

【注释】

①主张：赞成、扶持。

②见本卷三二注①。

【翻译】

学者读书，毛病就在于只知道朝前赶，不肯退后一步去看。越朝前赶，越看得不清楚。不如后退一步，反而看得清楚。大概（这个）毛病的根源就在于固执胶着，不肯（先）放下（自己的看法）。正如听取诉讼，（自己）心里先存有赞成乙的意思，就只去寻找甲不对的地方；（自己心里）先有赞成甲的意思，就只去寻找乙不对的地方。不如先暂且把甲乙两家的说法搁置在一边，慢慢地仔细观察，这样才能分辨得清其中的是非。张载说："洗涤去旧的观点，才能生发出新的见解。"这个说法很正确。如果不能先洗涤去旧的观点，什么地方才能安置新的见解呢？现在的学者有两个弊病：一是坚持一己之私意，一是先有一个旧的观点存在。即使自己想摆脱，也（经常不知不觉地让它）自己寻找过来。

七四　学者不可只管守从前所见，须除了，方见新意。如去了浊水，然后清者出焉。

【翻译】

学者不能只是固守从前的见解，应该是先搁置它，才能生发出新的见解。好比去除了污水，然后清水才能出来。

七五　到理会不得处，便当"濯去旧见，以来新意"，^①仍且只就本文看之。

【注释】

①见本卷三二注①。

【翻译】

到了理解领会不下去的地方，就应当"濯去旧见，以来新意"，但仍然要根据本文上看。

七六　"某向时与朋友说读书，^①也教它去思索，求所疑。近方见得，读书只是且恁地虚心就上面熟读，久之自有所得，亦自有疑处。盖熟读后，自有窒碍不通处，是自然有疑，方好较量。今若先去寻个疑，便不得。"又曰："这般也有时候。旧日看《论语》，合下便有疑。^②盖自有一样事，被诸先生说成数样，所以便着疑，今却有《集注》了。且可傍本看教心熟，少间或有说不通处，自见得疑，只是今未可先去疑着。"

【注释】

①向时：从前。

②合下：当时、立刻。

【翻译】

（先生说：）"我以前和朋友谈（怎样）读书，也叫他们去思索，去设疑。现在才醒悟，读书只是先虚心地把（书本）上面的文字仔细读熟，时间长了自然就有心得体会，也自然会有疑惑的地方。因为读熟之后，自然就会发现（书本中）有窒碍不通的地方，自然就会有疑问，这样才好比较。现在如果事先就要去找个疑问，那可做不到。"（先生）又说："我这个想法也有一段时间了，以前看《论语》，当时就有疑问了。盖一件事情，被各位先生说成不同的几样，所以就产生了疑问，这才有了现在的《论语集注》。（你们）可以依照这个本子先看熟悉，过一段时间或许会发现上面的说法有不通的地方，自然就会产生疑问，只是现在（没熟读之前）先不要去怀疑。"

七七　看文字，且自用工夫，先己切至，方可举所疑与朋友讲论。假无朋友，久之自能自见得。盖蓄积多者，忽然爆开，便自然通，此所谓"何天之衢，亨"[①]也。盖蓄极则通，须是蓄之极，则通。[②]

【注释】

①《易·大畜卦》："象曰：六五之吉，有庆也。上九，何天之衢，亨。象曰：何天之衢，道大行也。"意谓何等畅达的通天大路。

②按：原文后有注云："读书须是先看一件了，然后再看一件。若是蓄积处多，忽然爆开来时，自然所得者

大。《易》所谓'何天之衢，亨'是也。"徽州本单独作一条。

【翻译】

读书，自己要先下工夫，先从自己切近的问题出发，列举（自己读书）遇到的疑惑和朋友讲习讨论，即使没有朋友，时间长了，也能自然明白。盖（读书时）累积的（疑问）到了足够多的时候，就会突然爆炸开，就自然贯通了。如《易经》所说"通天大路啊，多么畅通！"因为蓄积到了极点，就自然贯通了。（不过要明白）是蓄积到了极至，才能贯通。

七八　读书无疑者须教有疑，有疑者却要无疑，到这里方是长进。①

【注释】

①按：此意或本张载。张载《经学理窟·义理》："观书者释己之疑，明己之未达，每见每知所益，则学进矣，于不疑处有疑，方是进矣。"

【翻译】

读书，要能在大家没有疑问的地方发现疑问，在大家有疑问的地方消除疑问，到了这个地步，才是有长进！

七九　问："看理多有疑处，如百氏之言，或疑其为

非，又疑其为是，当如何断之？"曰："不可强断，姑置之
可也。"

【翻译】

有人问："（我）看书的时候，遇到谈论义理的地方，
经常会有疑惑的时候。如各家的学说，有时怀疑他们说
得不对，有时又怀疑他们说得对。应当怎样进行判断
呢？"（先生）说："（这时）不要勉强地去下结论，先搁置
起来就可以了。"

八〇　人之病，只知他人之说可疑，而不知己说之
可疑。试以诘难它人者以自诘难，庶几自见得失。

【翻译】

大家的毛病在于只知道别人的说法可疑，却不知自
己的说法更可疑。试以诘难他人的那些言辞来诘难自己，
就差不多能看清自己观点的正误了。

八一　因求讲学言论传之，答曰："圣贤之言，明如
日月。"又曰："人有欲速之病。旧尝与一人读诗集，每略
过题一行。不看题目，却成甚读诗也？又尝见龚实之轿
中只着一册文字看，①此其专静也。且云：'寻常出外，轿
中着三四册书，看一册厌，又看一册。'此是甚功夫也？"

①实之：龚茂良之字。《宋史》卷三百八十五载："字实之，兴化军人，绍兴八年进士第，为南安簿邵武司法。"

【翻译】

接着找讲学时的言论进行解释，（先生）回答说："圣贤的观点，就像天上的太阳和月亮一样明白。"又说："（一般的）人都有求快的毛病，我曾经和一个人一起看诗集，（他）每次都是略过题目一行。不看题目，这怎么读诗？（我）又曾看见龚茂良先生轿子中只放一本书看，这是他专一安静的地方。龚先生说：'我平常外出，轿子里都放三四本书，看完一本后，又看另一本。'（他）这是（下的）什么工夫？"

八二　因签出文字，偶失签子，①遂不能记，云："旧有人老不识字，然隔年琐琐出入皆心记口数之，既为写下，覆之无差。盖其人忠实，②又专一无他事，所以记得。今学者不能记，又往往只靠着笔墨文字，所以愈忘之也。"

【注释】

①签子：犹书签。子：语缀，无义。
②忠实：忠厚老实。

【翻译】

(先生)接着把(书上需要记忆的重要内容)记在书签上，偶然丢了书签，就不能记忆了，(于是)说："以前有个人从来不识字，但历年来一些琐碎的开支和收入都能记在心里、说在嘴上，写下来后，进行复核，一点差错都没有。原因在于这个人忠厚老实，(从事的工作)又单一没有其他的事(干扰)，所以能都记得。现在的学者(学习的时候)不能主动去记，又常常只依靠(书本上的)笔墨文字，所以更容易健忘了。"

八三　先生戏引禅语云："一僧与人读碑，云：'贤读着，①总是字；某读着，总是禅。'沩山作一书戒僧家整齐。②有一川僧最蕗苴，③读此书云：'似都是说我。'善财五十三处见善知识，④问皆如一，云：'我已发三藐三菩提心，而未知如何行菩萨行，成菩萨道。'"⑤

【注释】

①贤：这里用作第二人称尊称。

②沩（wéi）山：唐潭州沩山禅师，名灵佑，福州长溪人。年十五出家。在杭州龙兴寺究大小乘教。年二十三，游江西，参百丈海禅师，究明心法。往沩山构梵宇。值武宗毁释，裹头隐于民。大中初，裴休请师还沩山，连帅李景让奏额曰同庆寺。禅会殊盛。敷扬宗教四十余

年。大中七年寂，寿八十三。敕谥大圆禅师。

③邋遢（lǎjū）：放纵，不遵轨辙。可参周裕锴《说"邋遢"——兼谈宋代禅林对蜀僧的习惯称呼》（刊《文史知识》2016年第1期）。

④善财：又称"善财童子"，佛弟子名。善知识：指正直而有德行，能教导正道的人。又作知识、善友、亲友、胜友、善亲友。反之，教导邪道的人，称为恶知识。据《华严经·入法界品》记载：善财童子为了修行成佛，游历了一百一十个城市，参拜了五十三位善知识，终成正果。

⑤三藐三菩提：佛教语。梵文音译，真正平等觉知一切真理的无上智慧。菩萨行：菩萨自利利他圆满佛果的大行，也即布施、持戒、忍辱、精进、禅定、般若等六度。菩萨道：菩萨所修之道，亦即自利利他。

【翻译】

先生引禅家语录开玩笑说："有一个僧人和另一个人一起读碑，说：'您读到的，都是文字；我看到的，都是禅机。'唐代和尚沩山曾经写信告诫僧人要注意检点谨饬。有一个四川的僧人特别放荡不羁，读到这封信后说：'好像说的就是我。'《华严经》中讲到善财童子参拜五十三位善知识，问的都是同样的一个问题：'我已经发真正平等觉知一切真理的无上智慧之心，却不知道怎样去做才是得到大彻大悟的途径，怎样做才能达到菩萨的境界。'"

八四　问诸读经之法。^①曰："亦无法，只是虚心平读去。"^②

【注释】

①经：这里指经部书。古代图书一般分成经、史、子、集四类，称四部。所谓经部书，主要指历代遵奉的儒家经典和注释研究这些儒家经典的著作，如《十三经》及其注本。经部的书，大都文辞艰深。

②原文后有注："以下读诸经法。"

【翻译】

问读各经部书的方法。（先生）说："也没有其他的办法，只能虚下心来，平心静气地去读。"

八五　学不可躐等，^①不可草率，徒费心力。须依次序，如法理会。一经通熟，他书亦易看。

【注释】

①躐（liè）等：逾越等级；不按一定的次序。《礼记·学记》："幼者听而弗问，学不躐等也。"唐孔颖达《疏》："逾越等差。"

【翻译】

学习不能超越一定的次序，不能马虎粗心，白白浪费自己的心思力气。要依照一定的学习阶段（循序渐进），遵循一定的方法来理解领会。一本经书读熟了，其他的经书也就容易看了。

八六　圣人千言万语，只是说个当然之理。恐人不晓，又笔之于书，自书契以来，①《二典》、②《三谟》、③伊尹、④武王、⑤箕子、⑥周公、⑦孔、孟都只是如此，可谓尽矣。只就文字间求之，句句皆是。做得一分，便是一分工夫，非茫然不可测也，但患人不子细求索之耳。须要思量圣人之言是说个甚么，要将何用。若只读过便休，何必读？

【注释】

①书契：指文字。《尚书序》："古者伏羲氏之王天下也，始画八卦，造书契，以代结绳之政，由是文籍生焉。"唐陆德明《经典释文》："书者，文字。契者，刻木而书其侧。"

②《二典》：指《尚书》中的《尧典》《舜典》。传说中上古尧舜时期的著作。

③《三谟》：指《尚书》中的《大禹谟》《皋陶谟》和《益稷》。传说中夏时的著作。

④伊尹：商初大臣。

⑤武王：周武王姬发，西周开国国君。

⑥箕子：商纣王叔父。

⑦周公：即姬旦，周文王姬昌第四子，曾辅佐成王。

【翻译】

圣人千言万语，只是说个当然的道理。担心大家不知道，又写在书本上。自从文字产生以来，《二典》《三谟》、伊尹、武王、箕子、周公、孔子、孟子等都是这样，可以说已经很详尽了。（大家尽可）针对他们写作的典籍去寻求，（要知道）上面的每一句话都是正确的。实行得了（上面的）一句话，就是（自己增添了）一分本事，不是茫然无法揣测的，我只担心（大家）不去仔细求索罢了。（读的时候，）要好好思考圣人说的是什么？这样说要起个什么作用？如果只是读过就完了，又何必去读呢？

八七 读《六经》时，①只如未有《六经》，②只就自家身上讨道理，其理便易晓。

【注释】

①《六经》：《诗经》《尚书》《礼记》《乐》《易》《春秋》。

②意谓不要观念先行，为其经典地位所震慑，要把它们当成普通的典籍，不放弃自己的独立思考。

【翻译】

读《六经》的时候，就好像没有《六经》一样，只在自己身上探究道理，（这样）它上面说的道理就容易明白了。

八八　读书只就一直道理看,[①]剖析自分晓，不必去偏曲处看。《易》有个阴阳，《诗》有个邪正，《书》有个治乱，皆是一直路径，可见别无崚崎。

【注释】

①一直：笔直，和后面的"偏曲"相对，喻正常、普通（的道理）。唐孔颖达在《尚书正义序》中曾批评此前的研究者刘焯、刘炫说："惟刘焯、刘炫，最为详雅。然焯乃织综经文，穿凿孔穴，诡其新见，异彼前儒，非险而更为险，无义而更生义……斯乃鼓怒浪于平流，震惊飚于静树，使教者烦而多惑，学者劳而少功，过犹不及，良为此也。"就是指两人不"就一直道理看"，只是"去偏曲处看"。

【翻译】

读书就是从正常、普通的道理的角度去思考，自然就剖析清楚、明白了。不能专门去那偏僻迂曲的地方（琢磨）。《易》里讲"阴阳"、《诗经》中讲"邪正"、《尚书》上讲"治乱"，都是一样的道理，可见并没有其他的什么奥秘。

八九　人惟有私意，圣贤所以留千言万语以扫涤人私意，使人人全得恻隐羞恶之心。[①]《六经》不作可也，[②]里面着一点私意不得。

【注释】

①恻隐羞恶之心：见《孟子·公孙丑上》："由是观之，无恻隐之心，非人也；无羞恶之心，非人也；无辞让之心，非人也；无是非之心，非人也。恻隐之心，仁之端也；羞恶之心，义之端也；辞让之心，礼之端也；是非之心，智之端也。人之有是四端也，犹其有四体也。"

②作：按《论语·述而》："子曰：'述而不作，信而好古，窃比我于老彭。'"朱熹《论语集注》："述，传旧而已。作，则创始也。"

【翻译】

（因为）常人都有私心，所以圣贤留下了千言万语，以便扫除洗涤掉人的私心，使人人都有恻隐之心、羞恶之心。《六经》不写都可以，但是在里面掺杂一点自己的私心就不行。

九〇　许多道理，孔子恁地说一番，孟子恁地说一番，子思又恁地说一番，都恁地悬空挂在那里。自家须自去体认，始得。

【翻译】

有许多道理，孔子这样说一通，孟子这样说一通，子思又这样说一通，都好比悬挂在空中似的说在那里，自己还要（脚踏实地地）去体验认识，才行。

九一　为学须是先立大本。其初甚约，中间一节甚广大，到末梢又约。《孟子》曰："博学而详说之，将以反说约也。"①故必先观《论》《孟》《大学》《中庸》以考圣贤之意；读史，以考存亡治乱之迹；读诸子百家，以见其驳杂之病。其节目自有次序，不可逾越。近日学者多喜从约，而不于博求之。不知不求于博，何以考验其约？如某人好约，今只做得一僧，了得一身。②又有专于博上求之而不反其约，今日考一制度，明日又考一制度，空于用处作工夫，其病又甚于约而不博者。要之，均是无益。

【注释】

①见《孟子·离娄下》。朱熹《四书章句集注》："言所以博学于文而详说其理者，非欲以夸多而斗靡也；欲其融会贯通，有以反而说到至约之地耳。盖承上章之意而言，学非欲其徒博，而亦不可以径约也。"

②了：领悟。按：此似是指小乘僧侣之自我解脱。

【翻译】

研究学问应该先确立最根本的。刚开始时要简约，中间一段要非常广大，到最后再回归简约。《孟子》说："广博地学习，详尽地解说（的目的），是让它最终能回归到简约的阐述。"所以一定要先看《论语》《孟子》《大学》《中庸》，以考究圣贤的意旨；再读史书，以考察一个国家生存兴亡、治理动乱的轨迹；再读诸子百家，以明白他们踳驳杂乱的弊端。其中各个环节都有一定的顺序，不能超越。现在的学者多喜欢简约，而不在广博上寻求。殊不知不先寻求广博，怎么能考察检验（后面的）简约？如有人好简约，现在只能当个和尚，自己领悟。又有人一味在广博上寻求而不知道回归到简约，今天去考求一个制度，明天又去考求一个制度，徒劳地在实用上下工夫，其弊端又超过那些只知道简约而不追求广博的。总之，都是没有益处的。

九二 学者只是要熟，工夫纯一而已。读时熟，看时熟，玩味时熟。如《孟子》《诗》《书》，全在读时工夫。《孟子》每章说了，又自解了。盖他直要说得尽，方住，其言一大片，故后来老苏亦拖他来做文章，①说须熟读之，便得其味。②今观《诗》，既未写得《传》，③且除了《小序》而读之。④亦不要将做好底看，亦不要将做恶底看，只认本文语意，亦须得八九。

【注释】

①老苏：苏洵，唐宋八大家之一。

②《朱子语类》卷一百二十一："尝见老苏说他读书，《孟子》《论语》《韩子》及其他圣人之文，兀然端坐，终日以读者七八年。方其始也，入其中而惶然；博观于其外，而骇然以惊。及其久也，读之益精，而其胸中豁然以明，若人之言固当然者，犹未敢自出其言也。时既久，胸中之言日益多，不能自制，试出而书之，已而再三读之，浑浑乎觉其来之易矣。"可与此互参。按：朱引苏说见《上欧阳内翰第一书》。

③《传》：当指《毛诗诂训传》。传说西汉毛亨为《诗经》作的一个注本。

④《小序》：《毛诗诂训传》每首诗前都有一段阐述诗旨的简短话语，通称《诗小序》，以区别于首篇《关雎》题下小序后的一段长文（也即《诗大序》）。

【翻译】

学者就是要（把书）读熟，精力专一罢了。读的时候要熟，看的时候要熟，玩味的时候也要熟。如（要理解）《孟子》《诗经》《尚书》，全在读的时候。《孟子》每章说完之后，自己再解说一遍，因为他要说得详尽，才停止，他的话（经常一说）就是一大段，所以后来老苏也要拿他来做文章。说应该熟读它，就自然能体察到书中的意味。现在看《诗经》，还没抄写完毛亨的传文的，不妨先放下他的《小序》直接去读（正文）。既不要只看写得好的诗歌，也不要只看写得不好的诗歌，只认准原文意思（去看），也能够（明白）十分之八九。

九三　人做功课若不专一，①东看西看，则此心先已散漫了，如何看得道理出？须是看《论语》，专只看《论语》；看《孟子》，专只看《孟子》。读这一章，更不看后章；读这一句，更不得看后句；这一字理会未得，更不得看下字。如此，则专一而功可成。若所看不一，泛滥无统，②虽卒岁穷年，无有透彻之期。某旧时文字只是守此拙法，以至于今。思之，只有此法，更无他法。

【注释】

①功课：每天按规定必须做的事，这里指读书。

②统：本来指丝的头绪。

【翻译】

一个人看书的时候，如果不专一，东看一下，西看一下，那么自己的心就先散漫了，这样怎么能够看得出道理？应该是该看《论语》的时候，就只看《论语》；该看《孟子》的时候，就只看《孟子》。读这一章的时候，就不看后面的章节；读这一句的时候，就不看后面的句子；这个字没理解体会，就不看下一个字。像这样，就容易专一，就可以取得成效。如果看得不专一，泛滥杂乱而没有头绪，即使穷年累月，也没有透彻明了的时候。我以前看书的时候就坚守这个笨办法，一直到现在。现在想来，还是只有这个办法（好），更没有其他的办法。

九四　"凡读书，须有次序。且如一章三句，先理会上一句，待通透，次理会第二句、第三句，待分晓，然后将全章反复绅绎玩味。如未通透，却看前辈讲解，更第二番读过，须见得身分上有长进处，方为有益。如《语》《孟》二书，若便恁地读过，只一二日可了。若要将来做切己事玩味体察，一日多看得数段，或一两段耳。"又云："看讲解，不可专徇他说，不求是非，便道前贤言语皆的当。如《遗书》中语，①岂无过当失实处？亦有说不及处。"又云："初看时便先断以己意，前圣之说皆不可入。此正当今学者之病，不可不知。"

【注释】

①《遗书》：指《二程遗书》。《四库全书总目·二程遗书》："《二程遗书》二十五卷，附录一卷，宋二程子门人所记，而朱子复次录之者也。程子既殁以后，所传语录有李吁、吕大临、谢良佐、游酢、苏昞、刘绚、刘安节、杨迪、周孚先、张绎、唐棣、鲍若雨、邹柄、畅大隐

诸家，颇多散乱失次，且各随学者之意，其记录往往不同。"

【翻译】

（先生说：）"大凡读书，要遵循一定的顺序，假如（一本书）一章有三句，先理解体会第一句，等到都通畅透彻了，再去理解体会第二句、第三句，等到都明白了，然后把全章内容反复加以寻味。如果不能通畅透彻，就看前辈学者的讲解，再看第二遍，要看到觉得自己身上有长进了，这才是有收获。如《论语》《孟子》两本书，如果只是平常读过去，只要一两天就可以了。如果把它当作切身的事情来寻味体察，一天顶多看得了几段，或一两段而已。"（先生）又说："看前人的讲解，不能一味迎合他人的说法，不去探求是非，就说前贤的话都是对的。如《二程遗书》中的一些话，难道就没有超过一定程度及失实的地方？也有一些说法没有达到一定深度。"又说："才看书的时候就忙着下自己的结论，前代圣贤的观点都看不进去。这是当今学者最大的毛病，不可不知道。"

九五　人只读一书，不得谓其傍出多事。① 《礼记》《左传》最不可不读。②

【注释】

①按：此条当和本卷九六互参。

②《礼记》：亦称《小戴记》或《小戴礼记》。儒家经典之一。秦汉以前各种礼仪论著的选集，相传西汉戴圣编纂，唐代被列为"九经"之一，宋代被列为"十三经"之一。旧有东汉郑玄的注、唐孔颖达的疏。

【翻译】

一个人只（专心）读一本书，不要因为它旁涉其他方面。《礼记》《左传》尤其不能不读。

九六　看经书与看史书不同，史是皮外物事，没紧要，可以札记问人。若是经书有疑，这个是切己病痛，如人负痛在身，欲斯须忘去而不可得。岂可比之看史，遇有疑，则记之纸邪？

【翻译】

看经书和看史书不同，史书（好比）是皮毛外的东西，没什么要紧的，（遇到不懂的地方，）可以记下来问别人。如果（读）经书有困惑，这个是切身的病痛，好比一个人有痛在身，想把它暂时忘了都没办法。哪里能和看史书相比，遇到疑问，可以先记在纸上呢？

九七　浩曰：①"赵书记云：②'自有见后，只是看

《六经》《语》《孟》，其他史书杂学皆不必看。'其说谓买金须问卖金人，杂卖店中那得金银？③不必问也。"曰："如此，即不见古今成败，便是荆公之学。④书那有不可读者？只怕无许多心力读得。《六经》是三代以上之书，'曾经圣人手'，⑤全是天理。三代以下文字有得失，然而天理却在这边自若也。要有主，觑得破，皆是学。"

【注释】

①浩：邵浩。字叔义，浙江金华人。

②赵书记：不详，俟考。按：书记，职官名，六朝已经出现，掌管书牍记录。唐代元帅府及节度使属官设有掌书记，简称书记，主撰文字。宋无"书记"之职官，此处当沿旧称。

③按：此以"杂卖店"比喻史书杂学等，"金银"比喻经书所讲义理之精华。

④荆公：北宋著名政治家、文学家王安石。王安石字介甫，号半山，封荆国公。《宋史》卷三百二十七有传。按：宋神宗熙宁四年（1071），王安石更定科举法，罢诗赋及明经诸科，专以经义、论策取士，学者几不读史。故此云若只看《六经》《语》《孟》，便是荆公之学了。

⑤唐韩愈《荐士》："周诗三百篇，丽雅理训诰。曾经圣人手，议论安敢到。"指都是经过圣人撰写或整理过的。

【翻译】

邵浩说："赵书记说：'一个人有了自己的见识后，只要去看《六经》《论语》《孟子》（就行了），其他史书和闲杂书都不必去看。'他说（就好比）要买金子就要去询问卖金子的人，杂货店里哪有什么金银？（根本）没必要去问。"（先生）说："像这样，就不知道古往今来各个王朝的兴衰成败，就成了荆公之学了。书哪里有可以不去看的呢？只怕（自己）没有许多心思精力去读罢了。《六经》是夏商周三代以前的书，曾经经过圣人的整理，（里面）都是天理。夏商周以下的书有得有失，然而天理却仍然在里边。只要自己有主见，就自然能分辨得清，这些都是学问。"

九八　向时有一截学者，^①贪多务得，要读《周礼》、^②诸史、本朝典故，一向尽要理会得许多没紧要底工夫，少刻身己都自恁地颠颠倒倒没头放处。如吃物事相似，将甚么杂物事，不是时节，一顿都吃了，便被他撑肠挂肚，没奈何他。

【注释】

①一截：一类。

②《周礼》：亦称《周官》《周官经》，儒家经典之一。搜集周王室官制和战国时各国制度、添附儒家政治理想、

增减排比而成的汇编。古文经学家认为周公所作，今文经学家认为出于战国，还有人指为西汉末年刘歆伪造。近人从周秦铜器铭文所载官制，参证该书中的政治、经济制度和学术思想，定为战国时作品。共有《天官冢宰》《地官司徒》《春官宗伯》《夏官司马》《秋官司寇》《冬官司空》等六篇。《冬官司空》早佚，汉时补以《考工记》。宋时列入"十三经"，旧有东汉郑玄的注、唐贾公彦的疏。

【翻译】

从前有一类学者，贪多务得，要读《周礼》、诸史、本朝典故，一味要去理解体会许多无关紧要的事情，没多久就把自己（脑子）搞得晕头转向没地方放了。好比吃东西一样，无论什么乱七八糟的东西，也不管什么时令，一顿都吃下去，就是把肠子和肚子都撑坏了，对他也起不到什么作用。

九九　看经传有不可晓处，且要旁通，待其浃洽，则当触类而可通矣。

【翻译】

看经书和注释有不能理解的地方，不妨从其他地方去寻求贯通，等到知识周遍通达了，就自然能触类旁通了。

一〇〇　经旨要子细看上下文义。名数制度之类，略知之便得，不必大段深泥，^①以妨学问。^②

【注释】

①深泥：此指深入探究。

②学问：这里特指前面说的经旨。按：此以名数、制度之类为杂学。

【翻译】

经书的旨意要结合上下文意思仔细去看。至于名位、礼数、制度之类，稍微了解下就行，不必过于深究，以免妨碍学问。

一〇一　理明后，便读申韩书，^①亦有得。^②

【注释】

①申韩：法家代表人物申不害、韩非。《史记》卷六十三有传。按：申韩为法家代表，刻薄少恩，崇尚法术，有害情理，一直为历代儒家学者所摒弃，故有此论。

②原文后有注："以下杂论。"

【翻译】

义理明白后，即使读申不害、韩非的著作，也能有收获。

一〇二　诸先生立言有差处，^①当知其所以差处，不宜一切委之，所以自广其志，自进其知也。

【注释】

①原文后有小注："如横渠、《知言》。"按：横渠指宋张载，《知言》为宋胡宏所著书名。又《朱子语类》卷一百四《自论为学工夫》："凡看文字，诸家说异同处最可观。某旧日看文字，专看异同处。如谢上蔡之说如彼，杨龟山之说如此，何者为得？何者为失？所以为得者是如何？所以为失者是如何？"可与此互参。

【翻译】

诸位先生立论有偏差、不对的地方，（我们）应当知道他们所以产生偏差、错误的根源，不能（因为他们错误就）完全都丢弃不管，（这样做，才能）开阔自己的心志，增进自己的知识。

一〇三　读书理会道理，只是将勤苦捱将去，^①不解得不成。"文王犹勤，而况寡德乎？"^②今世上有一般议论，成就后生懒惰。如云不敢轻议前辈，不敢妄立论之类，皆中怠惰者之意。前辈固不敢妄议，然论其行事之是非，何害？固不可凿空立论，然读书有疑有所见，自不容不立论。其不立论者，只是读书不到疑处耳。将《精义》诸家说相比并，^③求其是，便自有合辨处。

又会明白两三分；再回过头来读正文，又会有一二分的收获。以前我不能理解领会《孟子》，因为它每章的章节长的缘故，（于是）就按照这个方法来读。原来它的章节虽然长，意思却是从头到尾都互相联贯的。"又有人问："读书的时候，心思散乱，（怎么办？）"（先生）说："这就是你难以捉住自己的心。知道（自己有）这个毛病的人，已经很少了。以前我曾经举《中庸》'真诚，就能贯串事物的始终，不真诚，就没有天地万物了'，讲给直卿说：'比如（你）读十句书，开始九句用心记得，心思没有放逸，那么就是（你的心思）在这九句里，就是因为你真诚，就是因为（你心里）有它，所以你始终能得到这九句的用处。如果下一句心思不在这之上，就是（因为你）不真诚，就是因为（你心里）没它了。'"

一〇五　"大凡人读书，且当虚心一意，将正文熟读，不可便立见解。看正文了，却着深思熟读，便如已说，如此方是。今来学者一般是专要作文字用，一般是要说得新奇，人说得不如，我说得较好，此学者之大病。譬如听人说话一般，且从他说尽，不要剿断他说，并以己意见抄说。若如此，^①全不见得他说是非，只说得自家底，终不济事。"久之，又曰："须是将本文熟读，字字咀嚼教有味。若有理会不得处，深思之，又不得，然后却将注解看，方有意味。如人饥而后食，渴而后饮，方有味。不饥不渴而强饮食之，终无益也。"又曰："某所集注《论语》，至于训诂皆子细者，盖要人字字与某着意看，字字思索到，莫要只作等闲看过了。"又曰："读书第一莫要先立个意去看它底，莫要才领略些大意，不耐烦，便休了。"

【注释】

①若如此：疑当作"若不（或"非"）如此"。

【翻译】

（先生说:）"大凡人读书，应当虚心，一心一意，把正文熟读，不能马上就（急着）提出自己的见解。看完正文后，再深入思考仔细阅读，（要让正文里讲的道理）就像是自己说的一样，像这样才对。现在的学者，（读书）都是为了写文章用，都是为了要说得新奇，别人说得都不行，我说得最好，这是现在学者最大的弊病。就像听别人讲话一样，先让他说完，不要打断他的话，或者用自己的意见去附会。如果不这样，（那就）一点也不能分清他说的是对还是错，只是按自己的去理解，终究是没有用。"过了很久，（先生）又说："应该先将本文熟读，要把书上的每一个字都咀嚼出味道。如果有理解领会不到的地方，先（自己）深入思考，还是不行，这才拿注解看，这才有味道。好比一个人饿了之后再去吃饭，渴了之后再去喝水一样，这才能觉得香甜。不饥饿干渴，却强迫自己去吃去喝，终究是没有用处。"（先生）又说："我给《论语》作集注的时候，以至于训诂都很仔细的原因，就是要大家一个字一个字都用心去看，每个字每个字都能理解思考到，不要只是随便地看过去了。"（先生）又说："读书首先不能（自己）先有个主观看法后，再去看它，不要才理解了大概的意思，就不耐烦了，就不读了。"

一〇六 学者观书，先须读得正文，记得注解，成诵精熟。注中训释文意、事物、名义，① 发明经指相穿纽处，② 一一认得，如自己做出来底一般，方能玩味反复，向上有透处。若不如此，只是虚设议论，如举业一般，非为己之学也。曾见有人说《诗》，问他《关雎》篇，③ 于其训诂名物全未晓，便说"乐而不淫，哀而不伤"。④ 某因说与他道："公而今说《诗》，只消这八字，更添'思无邪'三字，⑤ 共成十一字，便是一部毛诗了。⑥ 其他三百篇，皆成渣滓矣。"因忆顷年见汪端明说：⑦ "沈元用问和靖：⑧ '伊川《易传》何处是切要？'尹云：'体用一源，显微无间。'⑨ 此是切要处。"后举似李先生，⑩ 先生曰："尹说固好。然须是看得六十四卦、⑪ 三百八十四爻都有下落，⑫ 方始说得此话。若学者未曾子细理会，便与他如此说，岂不误他？"某闻之悚然，始知前日空言无实，不济事，自此读书益加详细云。⑬

【注释】

①名义：事物命名的原因。西方称为词的内部形式。

②穿纽处：贯穿（经旨）枢纽的地方。

③《关雎》：为《诗经》三百零五篇中第一篇。最早给《诗经》作注的西汉毛亨说它是讲"后妃之德也"。

④见《论语·八佾》："子曰：'《关雎》乐而不淫，哀而不伤。'"意思是说：《关雎》一诗（表现出）快乐却没有失之于放纵，悲伤却没有失之于哀痛，谓其能得平和中正也。

⑤见《论语·为政》："子曰：《诗》三百，一言以蔽之曰：'思无邪。'"

⑥毛诗：按，我们现在读到的《诗经》都是经过汉人的整理。当时汉人传授《诗经》的有四家，他们是鲁地学者申培传授的《诗经》，是谓《鲁诗》；齐地学者辕固生传授的《诗经》，是谓《齐诗》；韩地学者韩婴传授的《诗经》，是谓《韩诗》；赵地学者毛亨、毛苌叔侄传授的《毛诗》。东汉以后《毛诗》盛行，其他三家逐渐亡佚。

⑦汪端明：汪应辰，因曾任端明殿学士，故称汪端明。《姑苏志》卷三十九："汪应辰字圣锡，玉山人，绍兴进士第一。累官吏部尚书，与丞相虞允文议事不合，遂以端明殿学士知平江，韩玉被旨简马建康过郡，应辰略其礼，玉归谮于上曰：'臣所过州县，未有若平江之不治

者。'上疑之。及平江米纲至有折阅事，遂贬秩。应辰刚
方正直，少从吕居仁、胡安国游，张栻、吕祖谦深器
许之。"

⑧元用：沈晦之字。《宋史》卷三百七十八："沈晦字
符用，钱塘人。翰林学士沈遘孙，宣和间进士廷对第一。
除校书郎，迁著作佐郎。……晦胆气过人，不能尽循法
度，贪时尤甚，故累致人言。然其当官才具，亦不可掩
云。"和靖：指尹焞。见卷中九五注①。

⑨见程颐《伊川易传序》："至微者，理也；至著者，
象也。体用一源，显微无间。观会通以行其典礼，则辞
无所不备。"

⑩李先生：疑指李侗。见本卷一四五注④。

⑪六十四卦：《易》中的八经卦，两两重复排列为六
十四卦。卦名是：乾、坤、屯、蒙、需、讼、师、比、小
畜、履、泰、否、同人、大有、谦、豫、随、蛊、临、
观、噬嗑、贲、剥、复、无妄、大畜、颐、大过、坎、
离、咸、恒、遁、大壮、晋、明夷、家人、睽、蹇、解、
损、益、夬、姤、萃、升、困、井、革、鼎、震、艮、
渐、归妹、丰、旅、巽、兑、涣、节、中孚、小过、既
济、未济。

⑫三百八十四爻：《易》由卦辞和爻辞组成，每卦有
六爻，六十四卦就是三百八十四爻。

⑬文后原注："此一段系先生亲书示书堂学者。"

【翻译】

学者看书，应该首先读正文，记住注释，能读得滚瓜烂熟。注释中解释文意、事物、名义，阐明贯穿经旨中关键要害的地方，都要一一辨认得清楚，就像是自己写出来的一样，这样才能便于反复玩味，向更高的层次穿透。如果不是这样，只是凭空地议论一番，像做举业一样，这就不是为自己的学问了。（我）曾经看见某个人解说《诗经》，就问他（《诗经》中的）《关雎》篇，（没想到）他对于其中的训诂名物一点都不知道，就说什么"乐而不淫，哀而不伤"（之类的话），我对他说："您现在照这个样子解说《诗经》，只要这八个字，再加上'思无邪'三个字，一共凑成十一个字，就是一部《毛诗》（的意旨）了。其他三百篇，就成了渣滓（，没有用处了）。"（我）想起前几年遇见汪端明（的一件事），他说："沈元用曾经问尹焞'尹川《易传》什么地方是最重要的?'尹焞说：'是"体用一源，显微无间"一句，这是书中最要害的地方。'"后来我把这件事说给李先生（听），李先生说："尹先生说得固然好，但也要先看得六十四卦、三百八十四爻辞都有着落了，才能说这个话。如果学者还没有仔细理解领会，就和他说这些，岂不是耽误了他?"我听到后不禁感到惊悚，这才知道自己从前只是空洞地去看都没有落到实处，没有用，从此读书更加详细了。

一〇七　凡人读书，若穷得到道理透处，心中也替他快活。若有疑处，须是参诸家解熟看。看得有差互时，①此一段终是不稳，在心头不要放过。

【注释】

①差互：参差、交互。指龃龉不合。

【翻译】

大凡一个人读书，如果真能穷究到道理透彻的地方，（我们）心中都替他高兴呢。如果有疑问，应该参考各家的解说仔细再看。看到各家观点彼此不一致的地方，（就说明）这一段文义终究还是不稳妥，（这种地方）心里就不能放过。

一〇八　凡看文字，诸家说有异同处，最可观。谓如甲说如此，且捋扯住甲，①穷尽其词；乙说如此，且捋扯住乙，穷尽其词。两家之说既尽，又参考而穷究之，必有一真是者出矣。

【注释】

①捋（xián）：拉、拽。

【翻译】

大凡读书的时候，（如果遇到）各家的看法和见解彼此有不一致的地方，最值得去细看。比如甲说是这样，就抓住甲，穷尽地探究他说过的话；乙说是这样，就抓住乙，穷尽地探究他说过的话。两家的观点都已经看完了，再彼此互相参证考察，穷尽地探究下去，一定会有一个真正正确的观点出来。

一〇九　经之有解，所以通经。经既通，自无事于解，借经以通乎理耳。理得，则无俟乎经。今意思只滞在此，则何时得脱然会通也。且所贵乎简者，非谓欲语言之少也，乃在中与不中尔。若句句亲切，虽多何害？若不亲切，愈少愈不达矣。某尝说："读书须细看得意思通融后，都不见注解，但见有正经几个字在，方好。"

【翻译】

经书有注解，是用来疏通经书的。（假如）经书已经明白晓畅了，自然就不需要注解了。这时就要凭借经书来贯通义理了。义理明白了，就不必依靠经书了。现在如果被（注解中的）意思困滞在这里，那么什么时候才能豁然融会，贯通经意呢？何况（我们）所说的注释最重要的是简要，并不是语言文字的少，而在于中肯不中肯啊。如果句句贴切，即使（文字）多点，又有什么损害呢？如果不贴切，越少反而越不畅达了。（所以）我曾经说："读书要能仔细看得意思贯通圆融，都看不见注解的地方，只看得见经书正文上的几个字，这样才好。"

一一〇　句心。①

【注释】

①按：此句费解。本卷一一一后原有注："上言句心，即此意。"则此"句心"或指注解中的紧要字。

【翻译】

每一句中都有关键的字。

一一一　看注解时，不可遗了紧要字。盖解中有极散缓者，有缓急之间者，有极紧要者。某下一字时，直是称轻等重，方敢写出。①

【注释】

①原注："上言句心，即此意。"

【翻译】

看注解时，不能遗漏了重要的字。因为注解中有不重要的，有介于重要和不重要之间的，有非常重要的。我每次要使用一个字，那真是要反复称量它们意思语气的轻重，一直到（经文和注文的字的意思语气）都轻重一样，才敢写出来。

一一二　且寻句内意。

【翻译】

要仔细探寻句子里面的（深层的）意思。

一一三　凡读书，须看上下文意是如何，不可泥着一字。如《扬子》："于仁也柔，于义也刚。"①到《易》中，又将刚来配仁，柔来配义。②如《论语》"学不厌，智也；教不倦，仁也"，③到《中庸》又谓："成己，仁也；成物，智也。"④此等须是各随本文意看，便自不相碍。

【注释】

①《扬子》：即《法言》，是西汉学者扬雄仿照《论语》体裁写的一本语录体著作。引语见《法言·君子》。

②《易·说卦》："昔者圣人之作易也，将以顺性命之理，是以立天之道曰阴与阳，立地之道曰柔与刚，立人之道曰仁与义。"

③见《孟子·公孙丑上》。

④按：朱熹《四书章句集注》："诚虽所以成己，然既有以自成，则自然及物而道亦行于彼矣。仁者体之存，知者用之发，是皆吾性之固有，而无内外之殊。既得于己，则见于事者，以时措之，而皆得其宜也。"

【翻译】

大凡读书，要看上下文的意思是怎样的，不能拘泥于某个字。如扬雄《法言》上说"仁属于柔，义属于刚"，到了《易》上又用"刚"来配"仁"，"柔"来配"义"了。又如《论语》上说："（自己）学习时，不感到满足，是智慧（的表现）；教诲别人时，不感到厌倦，是仁爱（的表现）。"到了《中庸》上又说："能成就自己是仁爱，能成就别人是智慧。"诸如此类，都要各自跟随本文的意思来看，就不会觉得互相抵触和妨碍了。

译者按：《朱子语类》卷六："仁礼属阳，义智属阴。袁机仲却说：'义是刚底物，合属阳；仁是柔底物，合属阴。'殊不知舒畅发达，便是那刚底意思；收敛藏缩，便是那阴底意思。他只念得'于仁也柔，于义也刚'两句，便如此说，殊不知正不如此。又云以气之呼吸言之，则呼为阳，吸为阴，吸便是收敛底意。《乡饮酒义》云：'温厚之气盛于东南，此天地之仁气也。严凝之气盛于西北，此天地之义气也。'"又："以仁属阳，以义属阴；仁主发动而言，义主收敛而言。若扬子云'于仁也柔，于义也刚'，又自是一义。便是这物事不可一定名之，看他用处如何。"与此可互参。

一一四　问："一般字却有浅深轻重，如何看？"曰："当看上下文。"

【翻译】

（有人）问："同样的字（在不同的文章中意思）却有语气轻重、意思深浅的区别，怎么分辨？"（先生）说："应当根据前后文句的语境来决定。"

一一五　读书须从文义上寻，次则看注解。今人却于文义外寻索。

【翻译】

读书应该（首先）跟随文义来进行探寻，其次再看（前人的）注解。现在的人却是（脱离书本）在文句意思之外去探寻求索。

一一六　传注，惟古注，不作文，却好看。只随经句分说，不离经意，最好。疏亦然。今人解书，且图要作文，又加辨说，百般生疑，故其文虽可读，而经意殊远。程子《易传》亦成作文，说了又说，故今人观者更不看本经，只读传，亦非所以使人思也。①

【注释】

①原注："以下附论解经。"

【翻译】

（给经书）作的传注，只有古人的注释，（因为）不是为了写文章，反而容易看。（古人作注，）只跟随经文的句子去解说，不脱离经书的文意，最好，（作的）疏也是这样。现在的人给古书作注解，只图要写文章，又加上辩驳解说，百般设疑，所以文章虽然值得读，却离经书要阐述的意思很远了。程先生的《易传》也成了写文章了，说过来说过去。所以现在的人读书，根本就不看原书，只读正文的注释，这也不是让人思考的（方法了）。

一一七　解经谓之解者，只要解释出来，[①]将圣贤之语解开了，庶易读。

【注释】

①按：《说文解字》："解，判也，从刀判牛角。"本意是指将牛进行分解。释：《说文解字》："释，解也。"后成为一种注书体裁。

【翻译】

解释经书的著作之所以叫作解，（就是）要（把经书中难以理解的意思）分解释放开，把圣贤的话分解开了，也就容易读了。

一一八　圣经字若个主人，解者犹若奴仆。今人不识主人，且因奴仆通名方识得主人，毕竟不如经字也。

【翻译】

圣贤所著经典中的文字好比是主人，（后人的）注解好比是奴仆。现在的人（读前代的经典，正如外面的人）不认识主人，要通过仆人通报姓名介绍后，才能认识主人。但（要知道，注解的文字）毕竟不如经典中的原文。

一一九　随文解义。①

【注释】

①按：此条当和本卷一一三互参。

【翻译】

根据文章（具体的语境）来确定词义。

一二〇　解经当如破的。①

【注释】

①的：箭靶。

【翻译】

解释经书，应当像（用箭）射靶子。

译者按：此以射喻，谓当要言不烦，如射箭，一箭穿心，直取要害。

一二一　经书有不可解处，只得阙。若一向去解，①

便有不通而谬处。

【注释】

①一向：径直。

【翻译】

经书中有不能理解的地方，只能暂时空缺。如果硬要去解说，就会有窒碍错误的地方。

一二二　今之谈经者，往往有四者之病：本卑也，而抗之使高；本浅也，而凿之使深；本近也，而推之使远；本明也，而必使至于晦。此今日谈经之大患也。

【翻译】

现在（的学者）谈论经书，常常有四个方面的弊病：本来是很卑陋的，一定要人为地拔高它，使它变得很高妙；本来是很浅显的，一定要穿凿附会它，使它变得很艰深；本来是很浅近的，一定要推衍它，使它变得很深远；本来是很明了的，却一定要让它变得很晦涩。这些就是现在的学者谈论经书的时候最大的弊病。

一二三　后世之解经者有三：一、儒者之经；一、文人之经，东坡、陈少南辈是也；^①一、禅者之经，张子韶辈是也。^②

【注释】

①东坡：苏轼，解经之作有《书传》《东坡易传》等。陈少南：陈鹏飞之字，永嘉人。《浙江通志》卷一百七十七称"其学不为章句新说，必本人伦正论，而趋于深厚"。著有《陈博士书解》三十卷、《诗解》二十卷。《朱子语类》卷一百三十二："永嘉前辈觉得却到好，到是近日诸人无意思。陈少南某向虽不识之，看他举动，煞好。虽是有些疏，却无而今许多纤曲。贺孙问：'少南虽是疏，到在讲筵议论，实有正直气象。'曰：'然。近日许多人往往到自议论他。'"又："问陈少南《诗》如何？曰：'亦间有好处，然疏又为之甚轻易。'"今录此备参。

②子韶：张九成之字，自号无垢居士。《宋史》卷三百七十四："张九成字子韶，其先开封人，徙居钱塘，游京师，从杨时学。……九成研思经学，多有训解。然早与学佛者游，故其议论多偏。"著有《孟子传》等。《四库全书总目·孟子传》："九成之学出于杨时，又喜与僧宗杲游，故不免杂于释氏。所作《心传》《日新》二录，大抵以禅机诂儒理，故朱子作《杂学辨》，颇议其非。"

【翻译】

后世解说经书有三种类型：一种是儒家学者（解说）的经；一种是文人（解说）的经，如苏轼、陈鹏飞这一类人；一种是学禅的人解说的经，如张九成这一类的人。

一二四　解书，须先还他成句，^①次还他文义。添无紧要字却不妨，添重字不得。今人所添者，惟是重字。

【注释】

①还：归还。这里是说不能任意割取分裂原文。

【翻译】

注释经书，应该先保证它语句的完整，其次要保证它文义的完整。添加些无关紧要的字还无妨，添加重要的字就不行。现在的人（注释经书的时候），添加的都是重要的字。

一二五　圣贤说出来底言语，自有语脉，安顿得各有所在，岂似后人任意说了也？须玩索其旨，所以学不可以不讲。讲学固要大纲正，然其间子细处，亦不可以不讲。只缘当初解得不子细，既不得圣贤之意，后来任意执得一说，便以为是，只任意解将去。^①

【注释】

①原文后有注："古人似未尝理会文义。今观其说出底言语，不曾有一字用不当者。"意思是说："古人好像没有格外关注文义，但现在看它上面说出的话，没有一个字不妥当的。"

【翻译】

圣贤说出来的话语，都有语脉，（每个字都）安置在它们应该在的位置上，哪里像后人一样随便瞎说？因此（我们）要仔细玩味研索其中的意旨，这也就是学问不能不去讲求的原因。讲学固然要大的纲目处正确，但其中小的细节处，也不能不仔细讲求。就是因为当初解释得不仔细，不能得到圣贤的真实意思，后人才随意抓住其中一个说法，就认为是正确的，随意地解释过去。

一二六　解经，若于旧说一向人情它：改三字不若改两字，改两字不若且改一字，至于甚不得已乃始改，这意思终为害。①

【注释】

①按：此当与卷中二五、二六条互参。

【翻译】

注释经书，如果对于旧说（当中不正确的）仍然对它讲人情：（应该）改正三个字的，不如姑且改正两个字；（应该）改正两个字的，不如姑且改正一个字；甚至迫不得已才去改正。这种想法终究是祸害。

一二七　凡学者解书，切不可与它看本。①看本，则心死在本子上。只教他恁地说，则它心便活，亦且不解失忘了。

【注释】

①看本：按，这里的"看本"疑特指注本，因为看着注本来解书，就会被前人的解释所局限，而失去了自己理解的过程。

【翻译】

大凡学者阅读经书，切记不能让他看注本。看着注本（来解释书），他的心思就会局限在注本上。只让他根据自己的理解去讲，那么他的心思就能活络（而不死板），也就不会忘记了。

一二八　"学者轻于著书，皆是气识浅薄，使作得如此。所谓'圣虽学作兮，所贵者资；便儇皎厉兮，去道远而'。①盖此理醲厚，②非便儇皎厉不克负荷者所能当。子张谓'执德不弘'，③人多以宽大训'弘'字，大无意味，如何接连得'焉能为有，焉能为亡'，④文义相贯？盖'弘'字有深沉重厚之意。横渠谓：⑤'义理深沉方有造，非浅易轻浮所可得也。'此语最佳。"问："《集注》解此，⑥谓'守所得而心不广，则德孤'，⑦如何？"曰："孤，只是孤单。所得只是这些道理，别无所有，故谓之德孤。"⑧

【注释】

①见程颢《李仲通墓志》。便儇（xuān）：便佞、轻佻。皎厉：即狡戾。指狂暴乖张。

②醲：浓。

③④见《论语·子张》。可参卷上一四一注②。

⑤横渠：张载。

⑥《集注》：指《四书章句集注》中的《论语集注》。

⑦按：今《论语集注》作"有所得而守之太狭，则德孤"。

⑧原文后有注："论著书。"

【翻译】

（先生说：）"学者轻易写书，都是因为气度见识浅薄，才会产生这种状况。正如程先生所说：'圣贤虽然可以去学习，更重要的是资质；善于逢迎言行轻佻的人，距离大道只会越来越远。'这个道理说得非常深厚，不是那些善于逢迎、言行轻佻或者性情狂暴乖戾不能承担大任的人所能担当的。子张说'执德不弘'，一般的人多用宽大来解释'弘'字，一点都没有意味了。（如果这样解释，）怎么能（和后面的）'焉能为有，焉能为亡'联系起来，文义相贯？大概'弘'字有深沉厚重的意思。张先生说：'（只有）义理深沉了，才会有所造诣，不是那些浅薄轻浮的人所能达到。'这段话说得最好。"有人问："《论语集注》上解释这句话，说是'固守所得而心胸不宽广，就会德行孤单’，（这个解释）怎么样？”（先生）说：“孤，就是孤单。自己所得到的只有这些道理，另外没有（其他的了），所以就说是德孤。”

一二九　编次文字，[①] 须作草簿，[②] 抄记项头。[③] 如此，则免得用心去记它。《兵法》有云"车载糗粮兵仗"，[④] 以养力也。编次文字，用簿抄记，此亦养心之法。[⑤]

【注释】

①编次：按次序编排。

②草簿：充当草稿的本子。

③项头：种类、要目。头：词尾，无义。

④车载糗粮：直接出处不详。元马端临《文献通考》卷一百五十八《兵考十》："按：先儒因考西汉书此数条，以为车战之制，汉尚用之。然详考其辞，则是以车载糗粮器械，止则环以为营耳。"意思是说用兵车装载各种干粮。糗（qiǔ），炒熟的米麦。亦泛指干粮。《左传》哀公十一年："国人逐之，故出。道渴，其族辕咺进稻醴、粱糗、腶脯焉。"晋杜预注："糗，干饭也。"

⑤原文后注："论编次文字。"

【翻译】

按次序编排文字，一定要先打草稿，抄写下重要的条目。这样，就免得花费心思去记忆它。《兵法》上说

"用车辆装载干粮兵器"，就是为了保存自己的力气。按次序编排文稿时，先在草稿上抄记重要的条目，这也是省心的一种办法。

一三〇　今人读书未多，义理未至融会处，若便去看史书，考古今治乱，理会制度典章，譬如作陂塘以溉田，①须是陂塘中水已满，然后决之，则可以流注滋殖田中禾稼。若是陂塘中水方有一勺之多，②遽决之以溉田，则非徒无益于田，而一勺之水亦复无有矣。读书既多，义理已融会，胸中尺度一一已分明，而不看史书，考治乱，理会制度典章，则是犹陂塘之水已满，而不决以溉田。若是读书未多，义理未有融会处，而汲汲焉以看史为先务，是犹决陂塘一勺之水以溉田也，其涸也可立而待也。

【注释】

①陂（bēi）塘：池塘。

②一勺：按，"勺"本是古代的容积单位名。历代不同。《孙子算经》卷上："十撮为一抄，十抄为一勺，十勺为一合。"明李时珍《〈本草纲目〉序例》引南朝梁陶弘景《名医别录合药分剂法则》："十撮为一勺，十勺为一合，十合为一升。"这里是极言其少。

【翻译】

现在的人读书不多，义理也还没到融会贯通的时候，如果就去读史书，考究古今王朝兴衰成败（的道理），理解领会（各朝的）典章制度，就好比用池塘里的水去灌溉农田，要池塘里的水已经装满了，然后才能挖掘开，这样才可以让它流淌灌注到农田中的庄稼上，让庄稼生长繁殖。如果池塘里的水只有一点点，就马上挖掘开来灌溉农田，那么不仅对农田没有帮助，就连那一点点水也不会再有了。等到知识已经积累得多了，（对书中的）义理也能融会贯通，胸中（对各种事物的）原则法度都一一清楚了，而（这时却）不去看史书，考究古今王朝兴衰成败（的道理），理解领会（各朝的）典章制度，就如池塘里的水已经装满了，却不挖掘开灌溉农田一样。（但）如果读书不多，义理还有没融会贯通的地方，就急急忙忙地把读史书当成当务之急，这好比掘开一点点水的池塘去灌溉农田，那它干涸是站到那就可以等待的了。

一三一　先看《语》《孟》《中庸》，更看一经，却看史，方易看。先读《史记》，①《史记》与《左传》相包。次看《左传》，②次看《通鉴》，③有余力则看全史。只是看史，不如今之看史有许多崎崎。④看治乱如此，成败如此，"与治同道罔不兴，与乱同事罔不亡"，⑤知得次第。

【注释】

①《史记》：西汉司马迁所写的中国第一部纪传体通史，上起传说中的五帝，下至汉武帝元狩元年（前122）。

②《左传》：《春秋三传》之一，传为鲁国史官左丘明所作。起自鲁隐公元年（前722），至于鲁哀公二十七年（前468）。

③《通鉴》：即《资治通鉴》。《资治通鉴》是由北宋司马光主持，刘攽、刘恕、范祖禹、司马康等人参与，历时十九年编纂而成的一部规模空前的编年体通史，上起周威烈王二十三年（前403），下迄后周显德六年（959）。

④峣崎：蹊跷。这里指隐晦。

⑤语见《尚书·太甲》。

【翻译】

先看《论语》《孟子》《中庸》，再看一本经书，这样回过头来读史，才容易看。（读史书，）先读《史记》，《史记》和《左传》有很多内容互相包含。接着看《左传》，接着看《资治通鉴》。如果精力有富余，那么就看全部的正史。看以前的史书，不会像读当今的史书那样，有许多隐晦。看上面记载的安定与动乱，看上面记载的兴盛和衰败，（《尚书》说）"采取与治理天下相同的办法，没有不兴盛的；采取与导致天下大乱相同的事，没有不灭亡的"，（这样才能）知道它们的因果。

一三二　今人只为不曾读书，只是读得粗书。凡读书，先读《语》《孟》，然后观史，则如明鉴在此，[①]而妍丑不可逃。若未读彻《语》《孟》《中庸》《大学》，便去看史，胸中无一个权衡，[②]多为所惑。又有一般人都不曾读书，便言我已悟得道理，如此便是恻隐之心，如此便是羞恶之心，如此便是是非之心，[③]浑是一个私意，[④]如近时祧庙可见。[⑤]

【注释】

①明鉴：明亮的镜子。

②权衡：权，秤砣。衡：秤杆。这里指衡量事物的标准。

③"恻隐之心"句：即"四端"。见本卷八九注①。

④浑：都、全。

⑤祧（tiāo）庙：远祖庙。按：太庙祭祀在中国古代国家政治生活中占有极为重要的地位。而在太庙祭祀体系中，始祖地位最高，其人选的确定也至为关键。但在宋代，因为与政治、学术的密切关系，这一问题变得异常复杂，百余年间，围绕始祖的人选议论纷纭。熙宁五年（1072），在王安石的主持下，宋僖祖赵朓（宋太祖赵匡胤的高祖父）取代宋太祖成为太庙始祖，但这一结果并未被朝中群臣普遍接受。南渡以后，礼讼屡兴，恢复太祖的始祖地位一直成为关注的一个焦点。绍熙五年

（1194）六月，宋孝宗赵昚去世，闰十月七日，朱熹上《祧庙议状》就孝宗祔庙问题发表意见，力主僖祖不祧，但最后因同属理学同道的丞相赵汝愚所阻，最终失败，此章"近时祧庙"疑指此事。

【翻译】

现在的人只是没读过书，只是很粗疏地翻过书。大凡读书，应当先读《论语》《孟子》，然后再看史书，这样就好比有个明亮的镜子在自己心中，这样美丑就无法躲藏了。如果还没读透彻《论语》《孟子》《中庸》《大学》，就去看史书，胸中没有一个是非标准，就很容易被（外部世界）所迷惑。还有一类从来都没读过书的人，便说我已经领悟到了道理，这样做就是恻隐之心，这样做就是羞恶之心，这样就是是非之心，其实都是一己之私意，比如最近发生的祧庙就可以看出来了。

一三三　问读史之法。曰："先读《史记》及《左氏》，却看西汉、东汉及《三国志》，①次看《通鉴》。②温公初作编年，③起于威烈王，④后又添至共和，⑤后又作《稽古录》，⑥始自上古。然共和以上之年，已不能推矣。独邵康节却推至尧元年，⑦《皇极经世书》中可见。⑧编年难得好者，前日周德华所寄来者亦不好。⑨温公于本朝又作《大事记》，⑩若欲看本朝事，当看《长编》。⑪若精力不及，其次则当看《国纪》，⑫《国纪》只有《长编》十分之二耳。"

【注释】

①按：这里的"西汉"当指班固所写的我国第一本断代体史书《汉书》，又称《西汉书》《前汉书》。"东汉"当指南朝宋范晔所著《后汉书》。《史记》《汉书》《后汉书》以及西晋陈寿所著《三国志》合称"前四史"，是正史中的典范。

②《通鉴》：《资治通鉴》。

③温公：司马光。司马光字君实，号迂夫，世称"涑水先生"。赠太师、温国公，谥文正。《宋史》卷三百三十六有传。

④威烈王：周威烈王姬午。此指《资治通鉴》始于周威烈王二十三年，命晋大夫魏斯、赵籍、韩虔为诸侯事。

⑤共和：据《史记·周本纪》记载：自周厉王失政至宣王执政中间的十四年，天下无君，由周公、邵公共行其政，号曰"共和"。"共和元年"（即公元前841年）是中国历史有确切纪年的开始。

⑥《稽古录》：二十卷，司马光撰。司马光写成《资治通鉴》后，又纂述伏羲至宋英宗治平八年事，编为此书，希望能达到"用力少而见夫全功"的目的（见司马光《进稽古录表》）。

⑦邵康节：即邵雍，北宋理学家，河北涿州人。字

尧夫，又称安乐先生、百源先生，谥"康节"，与周敦颐、张载、程颐、程颢并称"北宋五子"。《宋史》卷四百二十七有传。推至尧元年：见《皇极经世书》卷一下。

⑧《皇极经世书》：十四卷，邵雍撰，是一部运用易理和易教推究宇宙起源、自然演化和社会历史变迁的著作。

⑨周德华：不详，俟考。

⑩《大事记》：原书已佚。

⑪《长编》：疑指李焘所撰《续资治通鉴长编》，凡九百八十卷，今存五百二十卷，起于宋太祖赵匡胤建隆元年正月，止于宋哲宗元符三年正月。

⑫《国纪》：疑指徐度所撰《国纪》。《直斋书录解题》卷四："《国纪》五十八卷，吏部侍郎睢阳徐度敦立撰。度，丞相处仁择之之子也。其书详略颇得中，而不大行于世。鄞学有魏邸旧书传得之。"但篇幅则与前所说"只有《长编》十分之二"不甚吻合。

【翻译】

有人问读史的方法。（先生）说："可以先读《史记》和《左传》，再看《汉书》《后汉书》和《三国志》，接着看《资治通鉴》。温公当初（撰写《资治通鉴》）按年代编排史料的时候，开始于周威烈王二十三年，后来又添加到共和，后来又作《稽古录》，从上古开始。但是共和以前（发生的事的年岁），已经无法推测了。唯独邵康节先生向上追溯到唐尧元年，这可以去看《皇极经世书》。编年体史书难得编得好的，前几天周德华寄来的也不好。温公对于本朝发生的事情，又曾经写有《大事记》，如果要知道本朝发生的事，应当看李焘的《续资治通鉴长编》。如果精力不够，就可以去看《国纪》，《国纪》的篇幅只有《续资治通鉴长编》的十分之二。"

一三四　史亦不可不看。看《通鉴》固好，然须看正史一部，①却看《通鉴》。一代帝纪，②更逐件大事立个纲目，③其间节目疏之于下，④乃可记得。

【注释】

①正史：主要指由史官撰写并经官方正式认定的以纪传体为主的断代体史书。先后有"十史""十三史"（唐）"十七史"（宋）"十八史""十九史"（元）"二十一史"（明）的说法（见清钱大昕《十驾斋养新录》卷六）。清乾隆四年又增《明史》《旧唐书》《旧五代史》，合称二十四史，总计三千二百四十三卷。

②帝纪：记载帝王的本纪。按：本纪是西汉司马迁所创设的一种体裁，主要记叙一个时代最高统治者的事迹。

③纲目：大纲和细目。这里指大纲。

④疏：古代注释古书的一种文体。不仅解释正文还

解释注文，一般比较详细。

【翻译】

史书也不能不去看。看《资治通鉴》固然好，但应该先看一部正史，再看《资治通鉴》。（读）一个朝代的帝王本纪（的时候），先逐一根据发生的大事设立个大纲，然后再把这中间的细节详细记载在下面，这样才能记住。

一三五　饶宰问看《通鉴》。①曰："《通鉴》难看，不如看《史记》《汉书》。《史记》《汉书》事多贯穿，纪里也有，传里也有，表里也有，志里也有。《通鉴》是逐年事，逐年过了，更无讨头处。"②饶廷老曰："《通鉴》历代具备。看得大概，且未免求速耳。"曰："求速？却依旧不曾看得。须用大段有记性者，③方可。且如东晋以后，有许多小国夷狄姓名，④头项最多，⑤若是看正史后，却看《通鉴》，见它姓名，却便知得它是某国人。某旧读《通鉴》，亦是如此。且草草看正史一上，⑥然后却来看它。"

【注释】

①饶宰：饶幹。宰，县宰。据清李清馥《闽中理学渊源考》卷二十三："饶幹字廷老，邵武人。自幼孝谨笃学，登进士第，调吉水尉，转知长沙。适朱文公为守，遂受业焉。凤兴治事，暇入听讲，后知怀安军，卒。有为之铭曰：'能琢磨而器，吾之玉乎？则心皇皇如不足；能烜赫

而丹，吾之縠乎？则足缩缩如不欲。故乐也不加若性，而污也不惧其辱，是谓善学朱氏者。'盖不惟其名而实之笃。"

②讨头：寻讨。头，词尾，无义。原后有注："道夫录云：更无踪迹。"

③大段：程度副词，特别。

④指东晋南渡后，鲜卑、匈奴、羯、氐、羌等少数民族先后在北方建立起的成汉、汉（前赵）、后赵、前凉、前燕、代、冉魏、前秦、后燕、西燕、后秦、西秦、后凉、南凉、北凉、南燕等十六个以少数民族为主的政权。

⑤头项：头绪。

⑥草草：草率、苟简。这里指浏览。

【翻译】

饶幹问怎样看《资治通鉴》。（先生）说："《资治通鉴》看起来困难，不如先看《史记》《汉书》。《史记》《汉书》里面很多事情是互相贯穿的，本纪里也有，列传里也有，表里也有，志里也有。《资治通鉴》是逐年记载，这一年过去了，就再也没有寻讨的地方了。"饶幹说："《资治通鉴》历代的事情都具备，看完之后，就能了解（历朝的）大概，还可以达到快速的目的。"（先生）说："求快？恐怕像依旧没有看过一样吧！那要特别有记性的人，才行。比如东晋以后，有很多小国和夷狄的姓名，头绪很多，如果看完正史后，再回过头来看《资治通鉴》，（这时）再见到他们的姓名，就知道他们是哪国人了。我以前读《资治通鉴》，就是用的这个办法。先大概浏览正史一遍，然后再来看《资治通鉴》。"

一三六　问："读《通鉴》与正史如何？"曰："好且看正史。盖正史每一事关涉处多。①只如高祖鸿门一事，②本纪与张良、灌婴诸传互载，③又却意思详尽，读之使人心地欢洽，便记得起。《通鉴》则一处说便休，直是如法，有记性人方看得。"又问："致堂《管见》，④初得之甚喜。后见《南轩集》中云：'病败不可言。'又以为'专为桧设'，⑤岂有言天下之理而专为一人者！"曰："尽有好处，但好恶不相掩尔。"曰："只如头一章论三晋事，人多不以为然。自今观之，只是祖温公尔。"曰："诚是祖，但如周王不分封，也无个出场。"⑥

【注释】

①关涉：关系、涉及。

②指秦楚之际，刘邦趁秦军主力与项羽会战之机，得以先入咸阳，秦王子婴投降，秦朝灭亡。刘邦继而派兵踞守函谷关，欲王关中。但最后迫于项羽强大的军事实力，刘邦又不得不退出咸阳，亲自到戏西鸿门项羽军中，进行解释说服工作，并最终取得了项羽的谅解。史称"鸿门宴"。

③按："鸿门宴"一事，见《史记》卷七《项羽本纪》、卷五十五《留侯世家》、卷九十五《樊哙列传》。《汉书》同。此云《灌婴传》，当是因樊灌合传，故牵混。

④《管见》：指《读史管见》，胡寅著。《宋史》卷四百三十五："寅字明仲，安国弟之子也。寅将生，弟妇以多男，欲不举。安国妻梦大鱼跃盆水中，急往取而子之。少桀黠难制，父闲之空阁，其上有杂木，寅尽刻为人形。安国曰：'当有以移其心。'别置书数千卷于其上，年余，寅悉成诵，不遗一卷。游辟雍，中宣和进士甲科。靖康初，以御史中丞何栗荐，召除秘书省校书郎，杨时为祭酒，寅从之受学。"学者或称致堂先生，有《读史管见》《论语详说》《斐然集》。

⑤张栻《南轩集》卷二十一《答朱元晦秘书》："《读史管见》当并往，近看此书，病败不可言。其中间有好处，亦无完篇耳。看元来意思多是为桧设，言天下之理，而往往特为讥刺一夫，不亦隘且陋乎？"

⑥出场：结局。

【翻译】

问："读《资治通鉴》和读正史哪个好？"（先生）说："最好先看正史。因为正史每一件事情涉及的地方很多，比如汉高祖刘邦到鸿门项羽军中请罪这件事，就在《项羽本纪》和《留侯世家》《樊哙列传》中都有记载，又意思详细完备，读了使人心里欢喜，就容易记得牢。而

《资治通鉴》就只在一个地方记载，记载完就完了，真是没办法，要有记性的人才能去读。"又问："胡寅先生的《读史管见》一书，我刚读了后很高兴，后来看到张先生在《南轩集》中说：'毛病祸害多到没法说。'又认为（这本书的一些观点是）专门为秦桧而创设的，难道有谈论天下义理的人会专门针对一个人？"（先生）说："（这本书）确实有好的地方，只不过好的地方和不好的地方互相没法掩盖罢了。"有人说："就拿头一章论三晋的事来说吧，很多人都不以为然。现在看来，不过是效仿温公罢了。"（先生）说："确实是效仿，不过假如周王不分封，就没有个好结局。"

一三七　读史当观大伦理、①大机会、②大治乱得失。

【注释】

①大伦理：大的条理。

②大机会：大的关键。

【翻译】

读史书，要看（上面记载涉及的）大的条理、大的关键、大的治乱得失（的地方）。

一三八　凡观书史，只有个是与不是。观其是，求其不是；观其不是，求其是；然后便见得义理。

【翻译】

大凡读史书，只是看它里面记载的（历史事件和历史人物）对与不对。看到它上面对的，就想想不对的（地方在哪）；看到里面不对的，就想想对的（地方在哪），这之后就自然明白义理了。

一三九　史且如此看读去，待知首尾稍熟后，却下手理会。读书皆然。

【翻译】

读史书，先这样一直读下去，等到前后文义熟悉明白的时候，再开始去（详细）理解体会。读书都是这样。

一四〇　读史有不可晓处，札出待去问人，[①]便且读过。有时读别处，撞着有文义与此相关，便自晓得。

【注释】

①札：本指供书写的小而薄的木片，这里指写下来。

【翻译】

读史有不明白的地方，可以先记下来等待（合适的时候）去问别人，（然后）继续读下去。有时在读到其他地方，碰到有文义和先前不懂的有联系的，就自然明白了。

一四一　问观史。曰："只是以自家义理断之。大概自汉以来，只是私意，其间有偶合处尔。只如此看它，已得大概。范《唐鉴》亦是此法，①然稍疏。更看得密如它，尤好。然得似它，亦得了。"

【注释】

①《唐鉴》：宋范祖禹著。凡二十四卷，上起唐高祖李渊武德元年，下迄唐昭宣帝天佑四年。

【翻译】

有人问怎样看史书。（先生）说："只是用自己的义理去评判它。大概从汉朝以后，（史书中）就只剩下（个人一己之）私意了，其中间有偶尔吻合（义理）的地方。只这样去读，就已经能得到大概了。范祖禹的《唐鉴》也是这个方法，但是稍微粗疏。再看得比它更详密点，更好。如果和他一样，也行。"

一四二　读史亦易见作史者意思，①后面成败处，它都说得意思在前面了。如陈蕃杀宦者，②但读前面许多疏脱都可见了。③甘露事亦然。④

【注释】

①意思：用意、心思。

②陈蕃：字仲举，东汉汝南平舆人。建宁初，为太尉，与窦武等谋诛宦官，事泄，反为宦者曹节等矫诏杀害。事见《后汉书》卷六十六《陈蕃传》、卷六十九《窦武传》。

③按：《朱子语类》卷一百三十五："汪莘作诗史，以为窦武、陈蕃诛宦者不合前收郑飒，而未收曹节、王甫、侯览，若一时便收却四个，便了。阳球诛宦者不合前诛王甫、段颎，而未诛曹节、朱瑀，若一时便诛却四个，亦自定矣。此说是。"此即"后面疏脱处，它都说得意思在前面了"。所谓"窦武、陈蕃诛宦者不合前收郑飒，而未收曹节、王甫、侯览"见《窦武传》："时中常侍管霸颇有才略，专制省内。武先白诛霸及中常侍苏康等，竟死。武复数白诛曹节等，太后尤豫未忍，故事久不发。至八月，太白出西方。刘瑜素善天官，恶之，上书皇太后曰：'太白犯房左骖，上将星入太微，其占宫门当闭，将相不利，奸人在主傍，愿急防之。'又与武、蕃书，以星辰错缪，不利大臣，宜速断大计。武、蕃得书将发，于是以朱寓为司隶校尉，刘祐为河南尹，虞祁为洛阳令。武乃奏免黄门令魏彪，以所亲小黄门山冰代之，使冰奏素狡猾尤无状者长乐尚书郑飒，送北寺狱。蕃谓武曰：'此曹子便当收杀，何复考为！'武不从，令冰与尹勋、侍御史祝瑨

杂考飒，辞连及曹节、王甫。勋、冰即奏收节等，使刘瑜内奏。时武出宿归府，典中书者先以告长乐五官史朱瑀，瑀盗发武奏，骂曰：'中官放纵者，自可诛耳。我曹何罪，而当尽见族灭？'因大呼曰：'陈蕃、窦武奏白太后废帝，为大逆。'乃夜召素所亲壮健者长乐从官史共普、张亮等十七人，唷血共盟诛武等。"

④甘露事：又称"甘露之变"。晚唐宦官专权，太和九年（835），唐文宗在大明宫紫宸殿和李训等人商议，欲以石榴树夜降甘露之名，趁机诛杀前往察看的宦官仇士良等。后因事泄，李训等重要朝官反为所杀。《旧唐书》卷十七下《文帝纪》："时李训、郑注谋诛内官，诈言金吾仗舍石榴树有甘露，请上观之。内官先至金吾仗，见幕下伏甲，遽扶帝辇入内。故训等败，流血涂地，京师大骇，旬日稍安。"可参《通鉴纪事本末》卷三五《宦官弑逆》，《旧唐书》卷一百六十九、《新唐书》卷一百七十九《李训传》《郑注传》。

【翻译】

读史也容易看见写作史书的人的意旨，后面成功和失败的地方，其实他都把原因说在前面了。如（《后汉书》记载）陈蕃想诛杀宦官，只要读前面（他们安排中的）许多疏忽脱漏的地方，就知道（他们必然失败）了。唐代"甘露之变"也是这样。

一四三　问芝：^①"史书记得熟否？苏丞相颂看史都在手上轮得。^②它那资性直是会记。"芝曰："亦缘多忘。"曰："正缘如此，也须大约记得某年有甚么事，某年有甚么事。才记不起，无缘会得浃洽。"芝云："正缘是不浃洽。"曰："合看两件，且看一件，若两件是四百字，且二百字，有何不可？"

【注释】

①芝：陈芝，字庭秀。生平事迹不详。

②苏丞相：指苏颂，字子容，宋泉州南安人。《宋史》卷三百四十有传。轮：转，这里指运用自如。

【翻译】

（先生）问陈芝："史书（上的内容）都记得熟悉吗？苏丞相颂看过的史书都能在手上运用自如，他那天资，简直是会记。"陈芝说："（我）主要还是因为爱忘。"（先生）说："正因为这样，（所以要多读，加以熟悉。）但也应该大致记住某年发生了什么事，某年又发生了什么事。如果都记不住，就无法了解全面并贯通起来。"张芝说："正是不能全面贯通呢。"（先生）说："（那就原来一天）可以看完两件事的，（现在）就只看一件，如果（原来史书上记载）两件事有四百字，（现在）就只看两百字，（这样，）还有什么不能（记住的呢)？"

一四四　人读史书，节目处须要背得，始得。如读
《汉书》，高祖辞沛公处，^①义帝遣沛公入关处，^②韩信初说
汉王处，^③与史赞、《过秦论》之类，^④皆用背得，方是。若
只是略踔看过，^⑤心下似有似无，^⑥济得甚事？读一件书，
须心心念念只在这书上，令彻头彻尾，读教精熟，这说
是如何，那说是如何，这说同处是如何，不同处是如何，
安有不长进？而今人只办得十日读书，^⑦下着头不与闲
事，^⑧管取便别。^⑨莫说十日，只读得一日，便有功验。人
若办得十来年读书，世间甚书读不了！今公们自正月至
腊月三十日，管取无一日专心致志在书上。又云："人做
事须是专一，且如张旭学草书，见公孙大娘舞剑器而
悟，^⑩若不是它专心致志，如何会悟？"

【注释】

①按：此处当指《汉书·高帝纪》："父老乃帅子弟
共杀沛令，开城门迎高祖，欲以为沛令。高祖曰：'天下
方扰，诸侯并起，今置将不善，一败涂地，吾非敢自爱，
恐能薄，不能完父兄子弟。此大事，愿更择可者。'萧曹
等皆文吏，自爱，恐事不就，后秦种族其家，尽让高祖。
诸父老皆曰：'平生所闻刘季奇怪，当贵，且卜筮之，
莫如刘季最吉。'高祖数让。众莫肯为，高祖乃立为
沛公。"

②按：此处当指《汉书·高帝纪》："初，怀王与诸将

约，先入定关中者王之。当是时，秦兵强，常乘胜逐北，诸将莫利先入关。独羽怨秦破项梁，奋势，愿与沛公西入关。怀王诸老将皆曰：'项羽为人慓悍祸贼，尝攻襄城，襄城无噍类，所过无不残灭。且楚数进取，前陈王、项梁皆败，不如更遣长者扶义而西，告谕秦父兄。秦父兄苦其主久矣，今诚得长者往，毋侵暴，宜可下。项羽不可遣，独沛公素宽大长者。'卒不许羽，而遣沛公西收陈王、项梁散卒，乃道砀至城阳与杠里，攻秦军壁，破其二军。"

③当指刘邦赴汉中，至南郑，拜韩信为大将后，韩信和刘邦说的那些话："信已拜，上坐。王曰：'丞相数言将军，将军何以教寡人计策？'信谢，因问王曰：'今东乡争权天下，岂非项王邪？'上曰：'然。'信曰：'大王自料勇悍仁强孰与项王？'汉王默然良久曰：'弗如也。'信再拜贺曰：'唯信亦以为大王弗如也。然臣尝事项王，请言项王为人也。项王意乌猝嗟，千人皆废，然不能任属贤将，此特匹夫之勇也。项王见人恭谨，言语呕呕，人有病疾，涕泣分食饮，至使人有功，当封爵，刻印刓，忍不能予，此所谓妇人之仁也。项王虽霸天下而臣诸侯，不居关中而都彭城；又背义帝约，而以亲爱王，诸侯不平。诸侯之见项王逐义帝江南，亦皆归逐其主，自王善地。项王所过亡不残灭，多怨百姓，百姓不附，特劫于威，强服耳。名虽为霸，实失天下心，故曰其强易弱。今大

王诚能反其道，任天下武勇，何不诛！以天下城邑封功臣，何不服！以义兵从思东归之士，何不散！且三秦王为秦将，将秦子弟数岁，而所杀亡不可胜计，又欺其众降诸侯。至新安，项王诈坑秦降卒二十余万人，唯独邯、欣、翳脱。秦父兄怨此三人，痛于骨髓。今楚强以威王此三人，秦民莫爱也。大王之入武关，秋毫亡所害，除秦苛法，与民约，法三章耳，秦民亡不欲得大王王秦者。于诸侯之约，大王当王关中，关中民户知之。王失职之蜀，民亡不恨者。今王举而东，三秦可传檄而定也。'于是汉王大喜，自以为得信晚。遂听信计，部署诸将所击。"见《汉书》卷三十四《韩信传》。按：此三处皆楚汉之际"大伦理、大机会、大治乱得失"之处（见本卷一三五）。

④史赞：文体的一种，一般以四字韵语形式，附在史传的后面，对历史事件或历史人物进行评说。《过秦论》，西汉贾谊所作的一篇史论名作，主要探讨秦王朝灭亡的原因。《史记》卷六、《汉书》卷三十一、《文选》卷五十一均收录。

⑤略踔（chuō）：大略地跳过去。踔，跳跃。

⑥似有似无：比喻模糊、记忆不真切。

⑦办：能。

⑧下着头不与闲事：下，低。与，参与。

⑨管取：包管。取，词尾，无义。

⑩唐杜甫《剑器行序》："昔者吴人张旭善草书书帖，数尝于邺县见公孙大娘舞西河剑器，自此草书长进，豪荡感激。"剑器：古代武舞之曲名。其舞用女妓雄妆，空手而舞。

【翻译】

（先生说：）"大家读史书，关键的地方要能背得到，才行。比如读《汉书》的时候，高祖推辞担任沛公的地方，义帝派遣沛公入函谷关的地方，韩信最初游说刘邦的地方，和史赞、《过秦论》之类，都要能背下来，才行。如果只是大致地跳过去，心里若有若无，起得了什么作用？读一本书，就要心思念头都用在这本书上，（把书中的内容）从头到尾，都读得精熟，这里讲的是什么，那里讲的是什么，这个地方（和那个地方相比）相同的地方是什么，不同的地方是什么，（这样读下去，）怎么可能不长进？现在的人（只要能这样）读十天书，埋着头不管闲事，保证就（和以前）不同。不要说十天，只读一天，就会有成效可以验证。一个人如果能这样读十来年书，世上有什么书读不完？现在你们从正月到腊月三十日，保证没有一天是专心致志地在读书。"（先生）又说："一个人做事要专一，就如张旭学草书，看见公孙大娘跳剑器舞而领悟（了书法的秘诀）。如果不是他专心致志，怎么能领悟呢？"

一四五　杨志之患读史无记性，①须三五遍方记得，而后又忘了。曰："只是一遍读时，须用功，作相别计，止此更不再读，便记得。有一士人，读《周礼疏》，②读第一板讫，则焚了；读第二板，则又焚了；便作焚舟计。若初且草读一遍，准拟三四遍，读便记不牢。"又曰："读书须是有精力。"至之曰："亦须是聪明。"③曰："虽是聪明，亦须是静，方运得精神。昔见延平说：④'罗先生解《春秋》也浅，⑤不似胡文定。⑥后来随人入广，在罗浮山住三两年，去那里心静，须看得较透。'⑦某初疑解《春秋》，干心静甚事？后来方晓。盖静则心虚，道理方看得出。"义刚曰：⑧"前辈也多是在背后处做几年，方成。"曰："也有不恁地底。如明道自二十岁及第，⑨一向出来做官，自恁地便好了。"

【注释】

①杨志之：不详。疑即杨至，字至之，蔡元定之婿。《朱子读书法》卷二引此即作"至之"。

②《周礼疏》：即《周礼义疏》。五十卷，唐贾公彦著。《旧唐书》卷一百八十九："贾公彦，洺州永年人。永徽中，官至太学博士。"《四库全书总目·周礼注疏》："公彦之疏亦极博核，足以发明郑学。"

③至之：杨至之字。据清李清馥《闽中理学渊源考》卷十八："杨至字至之，晋江人。游文公之门，蔡元定奇

之，妻以女焉。著《天道至德》《天道至教》二图以发明为士希圣、尽人合天大旨，记所闻于朱子者为《语录》二卷。"

④延平：指李侗。字愿中，宋南剑州剑浦人，少从学于罗从彦。《宋史》卷四百二十八有传。《四库全书总目·延平答问》："程子之学，一传为杨时，再传为罗从彦，又再传为李侗。侗字愿中，延平其所居也。侗于朱子为父执，绍兴二十三年，朱子二十四岁，将赴同安主簿任，往见侗于延平，始从受学。绍兴三十年，同安任满，再见侗，仅留月余。又阅四载，而侗殁。计前后相从不过数月，故书札往来问答为多，后朱子辑而录之，又载其《与刘平甫二条》，以成是书。"故后世学者或称其为"延平先生"。

⑤罗先生：指罗从彦。字仲素，闻同郡杨时得河南程氏学，慨然慕之，从之学，学者称豫章先生，《宋史》卷四百二十八有传。著有《春秋解》《春秋指归》《春秋释例》。

⑥文定：胡安国之谥号。安国字康侯，宋建宁崇安人（今属福建省武夷山市），入太学，以程颐之友朱长文及颍川靳裁之为师。《宋史》卷四百三十五有传。著有《胡氏春秋传》，编有《上蔡语录》《二程文集》。

⑦原文后有注："淳录云：那里静，必做得工夫有长进处。只是归来道死，不及叩之。"意思是说："那里安

静，一定是在那里下了工夫，学业有所长进，只是回来的时候死在路上，来不及去问他。"

⑧义刚：黄义刚，字毅然，江西临川人。

⑨按：程颢于宋仁宗嘉祐二年三月中进士，时年二十六岁。

【翻译】

杨至对（自己）读史书没有记性感到苦恼，要读三五遍才能记住，过后又忘记了。（先生）说："读第一遍时，就要用心，做好要分别的打算，（提醒自己）只读这一遍，以后就不再读了，这样就记住了。以前有个读书人，读《周礼疏》，读完第一块板片的内容，就烧掉；读完第二块板片内容，又烧了，好比当年项羽破釜沉舟一样。如果刚开始时，仅仅是草草的读一遍，准备以后再读第三遍第四遍，这样读就记不牢。"（先生）又说："读书要有精力。"杨至又说："也要聪明。"（先生）说："虽然要聪明，也要能静得下心来，（只有静下心来，）才能运用得了自己的精神。从前我听李侗先生说：'罗先生（开始）注解《春秋》也浅薄，不如胡安国。后来他随人到了广东，在罗浮山住了两三年，在那里静下心来，就看得较透彻了！'我当初很困惑，注解《春秋》和心静有什么关系？后来才明白，只有静下心来才能虚心，道理也才能看得出来。"黄义刚说："前辈也多是在暗地里下了很多年工夫，才成就了（一生的事业）。"（先生）说：

"也有不是那样的。比如程颢先生，二十六岁就中了进士，一直在外面做官，（学问）仍然是那么好。"

主要参考书目

宋黎靖德编　朱子语类　中华书局 1986 年版

宋黎靖德编　朱子语类　上海古籍出版社 1987 年影印文渊阁四库全书本

徽州本朱子语类　日本中文出版社 1982 年版

朱熹　四书章句集注　中华书局 1983 年版

朱熹　周易本义　北京大学出版社 1992 年版

程颢、程颐　二程集　中华书局 1981 年版

钦定四库全书总目　中华书局 1997 年版

徐中舒主编　汉语大字典　四川辞书出版社、湖北辞书出版社 1986 年版

罗竹风主编　汉语大词典　汉语大词典出版社 1986 年版